ちゅうしょうきぎょう

中小企業
への道

就業規則と
「働く環境づくり」で
成長する

JN026913

中小企業家同友会全国協議会 監修
働く環境づくりプロジェクトチーム 著

日本法令

発刊にあたって

■ 中小企業経営の発展は、7割の労働者の暮らしに直結

　中小企業をとりまく情勢は、米中の貿易摩擦の影響による先行きの「減速感」の強まり、消費増税の影響、さらには、少子高齢化による人口減少による地域の疲弊に加え、2020年のコロナ禍により厳しさを増し、中小企業が直面する経営課題は、山積しています。

　日本全体で、中小企業で働く労働者は、民間事業所に働く全労働者の約7割といわれており、中小企業の経営課題を解決し、経営を維持・発展させることは、すなわち、中小企業で働く労働者の暮らしに直結することでもあります。中小企業が新しい市場創造に挑戦し、雇用機会を創出し、地域経済と国民の生活を支えるという社会的責務を果たすことが強く望まれています。

■ 本書出版の目的　新しいかたちの労使関係をつくる就業規則

　中小企業家同友会（以下、「同友会」という）は、1975年に「中小企業における労使関係の見解」（以下、「労使見解」という。巻末資料参照）を発表し、この「労使見解」に基づき、中小企業における正しい労使関係の確立と発展に努力してきました。その結果、社員を最も信頼するパートナーと位置づけ、「人を生かす経営」の実

就業規則規定例を無料にて提供中！

中小企業家同友会ホームページにて、「人を生かす就業規則」を実践している介護事業所の規定例を提供しています。右のQRコードからアクセスし、ダウンロードしてご利用ください。

践に挑む豊富な実践事例が会内に蓄積され広がってきました。

　本書を出版する目的は、「人を生かす経営」という視点で、経営者と社員が相互に理解し合って協力する新しいかたちの労使関係をつくるための就業規則を明らかにすることです。このことによって、経営者と社員がお互いに知恵を出し合って、経営課題に挑む新しい次元の相互の信頼に満ちた良い会社づくりが推進されると期待しています。

　労使が知恵を出し合って経営課題に挑むためには、経営者が「社員をどう見るか」は重要なポイントとなります。「単なる働き手」と見るか「最も信頼できるパートナー」と見るかで、関係は変わります。

　経営者が社員を「最も信頼できるパートナー」と見ることができるためには「信頼する勇気と努力」が必要になります。経営者と社員の関係、つまり採用した社員との「信頼」の起点は、雇用契約書や就業規則を提示することから始まりますが、「信頼」の起点であり「職場の憲法」ともいえる就業規則を秘密裏に作成して金庫に保管し、事があれば出してきて一方的に押しつけるようでは、この就業規則を社員自らが自主的、自覚的に職場規律の規範とはしないでしょう。

　本書の第一部では、全国各地の事例を紹介しています。就業規則を大切に扱い、社員の生活を保障し、高い志気のもとに自発性が発揮され、生産性を上げている事例が豊かに紹介されています。

　事例会社では、経営者自らが就業規則をよく考え、社員に提示し率直に話し合うことから信頼関係が生まれています。社員も、働きやすく魅力ある企業になっていくことを実感することで、企業の発展が自らの将来設計を裏づけるものだとわかり、働く意欲は向上しています。

　つまり、経営者が社員の生活を保障する賃金や福利厚生等の労働条件を示し、将来の人生設計を裏づけるための経営の発展方向を示すことで、経営者と社員の信頼関係が深くなっています。

会社を支える力 「経営指針」と「就業規則」

本書は「経営指針と就業規則とは、補完し合い会社を支える力になる」という重要な関係を明らかにし、この視点から労使の関係づくりを提起しています。

同友会は、経営指針（経営理念、10年ビジョン、経営方針、経営計画）を確立し、全社一丸となって実践することが大切だと考え、長年にわたって会活動の中心課題として取り組んできました。企業経営を維持発展させるためには、この4つを社員と共有し、全社一丸となって実践しなければなりません。

① 経営理念

「企業の目的は何か、何のために経営を行うのか、どのような会社を目指すのか」を示したもので、企業の社会的存在意義を明らかにすることができ、経営者の生きる姿勢の確立につながります。また、経営理念を確立することによって「雇用主」と「被雇用者」という社内の立場の違う両者が、経営を維持発展させるために気持ちを一つにして働くことができるようになります。

② 10年ビジョン

経営理念を追求していく過程における自社の理想的な未来図（ありたい姿）を具体的に書き表したものです。

③ 経営方針

10年後のビジョンの実現を目指して、中期（3年から5年）のあるべき姿と目標を示し、それに到達するための道筋を示すものです。

④ 経営計画

経営方針を達成するための手段、方策、手順を具体的に示したものです。

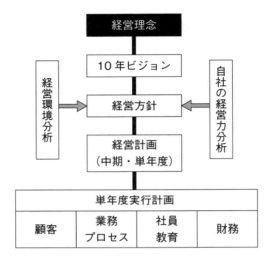

経営指針の体系

同友会は、これらの４つを総合して「経営指針」と表現し、これらの①から④までを成文化し、全社一丸となって経営指針を確立する運動を提唱しています。

同友会は、2019年３月に「働く環境づくりの手引き」（「働く環境づくりの手引き 中小企業家同友会全国協議会」で検索すると、無料でダウンロードすることができます）を発表しました。社員の「働く環境」について現状や課題などを把握し、より良い方向に改善していくための総合的な考え方・方法を、各企業で「働く環境づくりのガイドライン」としてまとめ、社員に公開することを呼びかけました。

社員に経営指針とあわせて「働く環境づくりのガイドライン」（右図の濃い囲み部分）が示されることによって、就業規則が働きがいのある企業づくりのための行動指針（規範）であることがわかります。まさに「経営指針と就業規則とは、補完し合い会社を支える力になる」ことが明らかにされます。

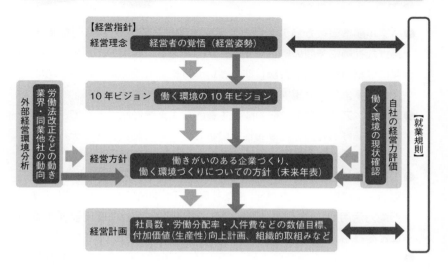

「経営指針」・「働く環境づくりのガイドライン」・「就業規則」の関係

バブル崩壊後の流れを変える「働く環境づくり」の提起

　同友会は、社員とともに経営指針を実践するために、経営指針の中に「働く環境づくり」を明確に位置づけることを提唱してきました。経営者団体として「働く環境づくり」を経営に位置づけることを提唱したことは、先駆的で意義のあることです。

　政府が 2016 年に「働き方改革」を打ち出した前年の 2015 年には『働く環境づくりの手引き』のプロジェクトを立ち上げ、働き方改革関連法施行前の 2019 年春に『働く環境づくりの手引き』を発行しました（同時期には 10 人未満の会社での就業規則作成を普及するための『求人票や雇用契約書に書くことをまとめ直すだけで手間なく簡単にできる就業規則のつくり方』（日本法令）も出版）。

　この『働く環境づくりの手引き』は、バブル経済が崩壊した 1991 年以後の次のような日本の働く環境の流れに対し、新しい流れを提起しました。

- バブル崩壊直後からアメリカ型成果主義がもてはやされ、「成果を あげた社員に多額の給与を支給」する一方で「成果のあがらない社 員には給与を大幅に減額」するという「給与の流動費化」の手法に 注目が集まり、大規模な人員削減、リストラが進行。
- その後、アメリカ型の能力成果主義的な人事評価制度として、高い 業績をあげる社員の行動特性を分析し、その行動特性をモデル化し て評価基準とし従業員を評価するコンピテンシー評価が流行。
- 1995年に日経連が「新時代の『日本的経営』」を発表し「定昇見直し、 職能・業績重視」の方向性、また社員を「長期蓄積能力活用型」「専 門能力活用型」「雇用柔軟型」の3つの類型に分けて雇用管理する ことを打ち出し、その後、非正規雇用労働者が増大。
- Windows95の普及により、1990年代後半からインターネット などIT技術が進歩し、業務のIT化による合理化が加速・推進。
- 1998年に36協定の特別条項が制度化され、限度時間を超える時間 外労働が可能とされる（平成10年12月28日労働省告示154号）。
- 2000年以後に、「会社を守る就業規則」「社員はリスク」「問題社 員対策」などのテクニック本が出回る。
- 2003年頃から「固定残業制度」が話題となり、中小企業でも導入 が広がる。

　バブル経済崩壊以後の働く環境の変化は、今日の中小企業の働き 方や労使関係に大きな影響を与えています。
　直面する「働き方改革」の対策にとどまらず、経営者と社員がお 互いに知恵を出し合って経営課題に挑む、新しい次元の相互の信頼 に満ちた良い会社づくりを推進するためにも「会社を守る就業規則」 ではなく、「人を生かす就業規則」の視点を持つことが重要です。
　「社員は文句ばかり言ってくる」「すぐに辞める」などの社員観で は、相互不信の連鎖から抜け出すことはできず、「働き方改革」も

表面的な対応に終わってしまいます。

　このような社員観が生まれた背景には、経営者の経営姿勢や知識不足の問題があります。採用時の曖昧な雇用契約、採用後の社員教育なしでの即時現場配置、出退勤の曖昧な管理、発生した問題への不適切な対応、日常的なコミュニケーション不足など、人を雇用する経営者として知っておくべき「キホンのキ」の理解と実践の未熟さの問題があります。

　経営者が、新しい次元の相互の信頼に満ちた良い会社づくりを経営課題として掲げ、経営者として知っておくべき「キホンのキ」を学び、社員を信頼して「働く環境づくり」を正面において「人を生かす就業規則」づくりに取り組むことが、新しい次元の相互の信頼をつくる転機となるでしょう。

■ 本書の構成

　本書は、3部構成となっています。

　第1部は、「実践に見る経営課題解決編　社員との信頼関係づくりの王道は働く環境づくり」というテーマで、日本各地の様々な業種の会社における実践事例を紹介しています。

　第2部は、「人を雇用する経営者として知っておくべき『キホンのキ』」です。「就業規則とは」「働き方改革で問われていることとは」「給与とは」など、およそ人を雇用する経営者であれば、知っておくべき基本的なことを整理しています。

　第3部は、「『中小輝業』になるための就業規則のPDCA」です。ここでは、これまでの第1部、第2部を踏まえて、より高い次元で就業規則を作成・見直し・公開していくために必要と思われることについて述べています。

　最初から順を追って読むことも可能ですし、自社の状況に応じて関心のある部分から読み始めることも可能な構成となっています。

■ 5つの段階で就業規則をステップアップ

　最後に、本書の第2部、第3部で示した5つの STEP についてです。

　本書では、就業規則を「作成・届出」することから、「人を生かす就業規則」となるまでを5つの STEP で区分し、成長の道筋を示しています。構成は、自社の到達点を冷静に分析し、成長のための取組みを行うことで引き上げられるものとなっています。

　就業規則で定めることは、法令の改正により一気に変更することが求められる場合もありますが、社員と信頼関係を育て、話し合いながら、徐々に育てていくことも大切です。

　本書が示す5つの STEP を理解し、自社の到達点を踏まえ、事例も参考にしながらステップアップに挑戦されることを期待します。

STEP1　就業規則を作成・届出しましょう！

STEP2　就業規則の内容を社内で話し合いましょう！

STEP3　就業規則を定期的に見直しましょう！

STEP4　人を生かす就業規則にチャレンジしてみましょう！

STEP5　継続して人を生かす就業規則に取り組みましょう！

　本書は、同友会に所属する社会保険労務士により、コロナ禍においてもオンライン会議で何度も意見交換を重ねて検討を進め、中小企業家同友会全国協議会（以下、「中同協」という）の監修のもとで共同執筆されました。

　本書の出版にあたっては、第1部で事例として紹介されている同友会会員のほか、自社の事例を快く提供していただいた全国の多くの同友会会員の皆様の協力をいただきました。また、編集担当の株式会社日本法令の田中紀子さんには構想の打合せ段階から有益な助言をいただきました。

CONTENTS

CONTENTS

【事例④】　社員の声に耳を傾け業界の常識を打ち破る
有限会社京美容室

【事例⑤】　社員参加の働く環境づくりで経営の組織化と安
定化　株式会社タナベ刺繍

【事例⑪】 社員が主体になって取り組む働く環境づくり 株式会社吉村

【事例⑫】 憲法を念頭において共存共栄の職場づくりを進める 株式会社エイチ・エス・エー

第2部 人を雇用する経営者として
知っておくべき「キホンのキ」

第1章　　社員と一緒に自社の現状を確認しよう！

第2章　働き方改革関連法・新しい働き方への対応

第3章　賃金制度の考え方

実践に見る経営課題解決編
社員との信頼関係づくりの王道は
働く環境づくり

　「人を生かす経営」を実践している会社の多くは、経営課題に直面したのをきっかけに、労使の信頼関係の重要性に気づいた会社です。

　「働く環境づくり」に取り組む過程で、就業規則についても、社員と話し合いながら自社の経営理念を実現するための行動指針として「人を生かす就業規則」へと育て上げることで生産性の向上をも実現しています。

　第1部では、働く環境づくりを通じて経営課題を解決し、会社と社員の成長を実現している会社の事例を紹介します。

働く環境づくりに取り組む会社一覧

【事例①】

社員の多様な条件に合う
多様な働き方を目指す

株式会社アンサーノックス

所　　　　属：山梨県中小企業家同友会所属
代表取締役：渡辺　郁
事 業 内 容：人材サービス業、企業内保育事業、家事代行業
創　　　　業：2008 年
所 在 地：山梨県甲府市
社 員 数：正社員 4 名、パート・アルバイト 11 名（2021年現在）
U　R　L：https://answerknocks.com/

ドアを叩いてくれた人すべてに応えたいと創業

　2008年に、外国人をメインとした人材派遣会社として「アンサーノックス」は山梨県甲府市でスタートしました。現在は、保育事業と家事代行業も行っています。社名には「ドアを叩いてくれた人すべてに応えたい」との思いを込めました。

　社員は正社員が4名で、契約社員、パートタイマーを含めると15名になります。男性が2名で女性が13名です。社員の年齢構成は20代から80代までと幅広いです。80代の方にはオフィスの維持管理や事務などを担当してもらっています。保育事業では70代の保育士が活躍しています。資本金は2,500万円あり、2019年度の年商は1億3,000万円でした。2018年度に経済産業省より「新・ダイバーシティ経営企業100選」に選ばれました。

 ## 派遣会社勤務の中で外国人労働者の実態に疑問

　私の生まれは東京ですが10歳のときに山梨に転居し、高校卒業と同時に再び東京に移り、大手人材派遣会社に就職しました。この会社は当時「不夜城」といわれ、私も毎日遅くまで仕事をしていました。実績をあげ、社内表彰も多数受けましたが、その後体調を崩してしまいました。身体があっての仕事です。山梨に戻りしばらく療養をすることになりました。

　体調が回復した後、山梨で外国人が社長を務める人材派遣会社に営業として入社しました。派遣会社での経験が長かったので、「派遣の営業はできる」と思っていましたが、同じ派遣会社とは思えないその会社の実態に、驚かされました。そこでは「時給1,000円」で派遣社員を募集しても実際には900円しか払われていませんでした。派遣社員が「話が違う」と社長に言うと「お前、明日から来

なくていい」で終わってしまう。また、当時からコンプライアンスが叫ばれていたにもかかわらず、会社は派遣社員から徴収した保険料を納めていませんでした。

「派遣される人たちはどうしてこのように不利な条件でも働いているのだろう」と不思議に感じました。

 ## 外国人派遣労働者をサポートしたい

ちょうどその頃、甲府市が募集していた「多文化共生推進計画策定委員」に応募して委員になり、多くのことを知りました。山梨には比較的外国人が多く、市によっては住民の1割近くが外国人といったところもありました。そして、多くの外国人が、なぜ言葉もわからず日本で働かなければならないのかを理解できるようになりました。1990年に改正入管法が施行され、日本はブラジルなど南米の国から日系人を呼び込んだのです。日本は、自国の都合で外国人を増やしたり減らしたりして国力を保っていたのです。

日本で少子化問題が改善されない中、外国出身の働き手に頼らざるを得ない事情があります。しかし、なぜ外国人はこんなひどい待遇、対応を受けているのか。この疑問を起点として、「外国人をサポートする機関が必要だ」と思ったのが、「アンサーノックス」を立ち上げたきっかけでした。上記の会社を半年あまりで退職し、起業して現在に至ります。

社長の思い・理念

 ## 自主性、自発性を育む社風をつくり社員の成長に寄与したい

企業内保育所「アンサーキッズ」を立ち上げたきっかけは、「アンサーノックス」で雇用していたブラジル人夫婦に子どもが生まれ、生後半年経たないうちから子どもを会社に連れて来るようになった

ことです。子どもはカゴに入ったままで寝ている時間が長く、思いの外手間がかかりませんでした。しかも、とても可愛いのです。社内も明るくなり、こういう職場環境がとても良いと思いました。

 ## どの会社にも通じる「10のアクション」「5のバリュー」

「アンサーノックス」には、社員に求める「10のアクション」と「5のバリュー」というものがあります。会社を立ち上げた当時の仲間と「こんなメンバーと一緒に仕事をしたい」との思いから、スタッフ採用の考え方をまとめたものです。今でもわが社の大切な行動指針になっています。

アンサーノックスがメンバーに求める10のアクション

1　多様化へとシフトする社会に順応できる柔軟な感覚を持つ
2　新しいチャレンジや企画を考え、生み出し、実現する
3　与えられる業務ではなく、自ら創り出す仕事をする
4　最低でも5カ国語であいさつができるようにする
5　人のため、社会のため、そして自分のために仕事をする
6　空気が読めるだけじゃなく明るい空気を作り出す
7　困難をチャレンジに、失敗をチャンスに切り替えるスイッチを持つ
8　相手の立場や状況、気持ちになり物事を考えられる想像力を持つ
9　どんな小さなことにもサプライズを意識する
10　おいしいものや楽しい遊びに興味を持つ

アンサーノックスがメンバーに求める5のバリュー

1　人の役に立とうとする
2　人に関心を持つ
3　どんなことでもおもしろがる
4　全力を尽くす
5　今の自分を好きになる

　例えば「10のアクション」の「9　どんな小さなことにもサプライズを意識する」は、取引先のために「来週やると言っていたことを今週やる」とか、「明日やることを今日やる」のもサプライズです。大きな驚きではなくても「相手を喜ばせる」ことを大切にしています。
　また「5のバリュー」では、「5　今の自分を好きになる」など、わが社だけでなくどの会社にとっても違和感のない内容を掲げています。つまり、「こんな人なら友だちになりたい」と思える人になろうというバリューです。会社と社員の信頼関係、社員同士の人間的つながりが肝心です。会社としての価値観を社内外に発信することで、社員、さらには取引先とも価値観を共有することにつながっています。

取組みの見どころ

 ### 社員の多様な条件に応じた多様な働き方

　15名いる社員は、正社員、契約社員、パートタイマーと区分されていますが、会社が決めているわけではありません。「フルタイムではなく短時間がよい」とか「週5日勤務ではなく週3日勤務がよい」とか、どういう形で仕事をしたいか本人と確認したうえで自ら選んでもらっています。時間や制度の枠にはこだわっていません。

また、フルタイムの正社員ではなくても社会保険等に入っています。

　人材派遣の責任者はスリランカ人で、会社のすべてをわかっています。彼は、本国にいる母親の体調が悪いと帰国するときがありますが、普段から「1カ月くらい帰国して構わないからね」と言っています。親が病気のときにも働かなければいけないということはありません。帰国してもリモートで仕事はできるし、残ったメンバーで仕事をすればよいのです。社員が辞めるのは困りますが、仮に社員が辞めても困らないように、会社が滞りなく回る体制をつくっておく必要がありますし、このことは社員にも強調しています。

社員の自主性・自発性で働きやすい職場環境づくり

　就業規則は、法律で決められている最低限の内容しか定めていません。大切なのは、社員が自主的、自発的に創意工夫し、働きやすい職場環境をつくっていくことだと思っています。年次有給休暇についても、ほぼ消化してもらっています。子育て中の女性社員が多く、「子どもが風邪をひいた」などは日常茶飯事なので、当たり前に休んでもらっています。

　今後は、週休3日制を導入したいと考えています。新型コロナウイルスの影響で会社は休業を余儀なくされましたが、この大変な中で、仕事を見直してみると、交替制により週休3日制はできることがわかりました。出勤日の労働時間を少し長くして休みを増やす、そのほうが仕事と生活の両立がしやすく、泊まりがけの旅行なども行きやすくなります。高齢の社員からの「土日だけでは病院に行けない」との声にも応えることができます。

　社員の個々の条件を考えたら、当たり前に多様な働き方になります。会社のルールに働き方をあてはめるのではなく、社員の条件に合った働き方を会社が受け入れる。病院など働き方が決まっていないと困る業種もありますが、一民間会社なら何とかできると思います。

　職場環境も、工夫しています。社内にリフレッシュルームをつくり、炊飯器、ホームベーカリーを置いています。毛布とソファベッドを置いているので、休みたい人は休んで構わないことにしています。そもそもタイムカードもありません。労働時間の管理は警備会社のセキュリティーカードで行っていますが、給与計算では遅刻・早退控除などは行っていません。

 ## カギは「やるべきことを示せているか」

　「ルールが明確なほうが働きやすい」という見方もあるかも知れませんし、「自主性、自発性ばかりでは組織がまとまらないのでは」

と心配してくださる方もいます。「自主性、自発性を重視する社風は当初から社員に受け入れられたのか？」「自主性、自発性は社員によって差が出るだろうから、社員間の不公平感、不満などは出ないのか？」などと質問をいただくこともありますが、会社を立ち上げた当初から、会社の考え方、働き方を納得して入社してもらっていますので、そうした心配をしたことはありません。

　会社が規則やルールを押しつけても、社員は成長しませんし、会社も発展しないと考えています。例えば、どれだけ厳しい校則をつくっても生徒が守れない高校があるかと思えば、ピアスをしていようが髪をピンクに染めていようが、みんなが行きたい大学を目指す高校もあります。何が違うかというと、自分がやるべきことを示せているかどうかだと思います。規則をつくり出したら、規則を守ることでいっぱいになり、自分で考える力がつかなくなってしまうのではないかと思っています。

会社の責任は社員を人として成長させること

　私たちは、答えを出す教育を受けてきました。「一番早く正確に答えを出す人が正しい」という教育しか受けていないので、考えることに慣れていません。

　今年、初めて新卒大学生を採用しました。正直なところ、新卒者を採用する余裕はまだなかったのですが、昨年、私が法政大学で講義した際、受講していた学生が「アンサーノックスに来たい」と言ってくれたので採用しました。会社として研修の機会などは、まだほとんどありませんが、仕事を通じての社員同士のコミュニケーションの中で、考える力を育むようにしています。新入社員には、是非、考える力を身につけてほしいと願っています。

　ただ、わが社で生産性を上げてもらうことより、人として成長してもらうことが、会社が社員に対して果たすべき責任だと考えています。現代社会において、会社は学校の役割を担っていると思いま

す。社員がずっと自社にいるとは限りません。むしろ、いなくなる確率のほうが高いです。

　だから、世の中に出たときに市場価値の高い人になっていてほしいと思います。「うちのルールで」とか「うちのやり方で」ということを覚えるより、物事の本質をその都度考えて選択できる人間になってほしいです。自分で正解を導き出せる人間を育てたいと思います。

 ## 経営者は働く人を幸せにすることが一番

　最後に大きな話になりますが、私の夢は「世界平和」です。死ななくてよい人が死なない世界をつくらなければいけないと思っています。そのために自分ができることは、目の前にいる人を幸せにすること。雇用主、経営者であれば、働く人を幸せにすることが一番だと思います。より一層、社員の多様な条件に合う多様な働き方を進めたいと思っています。

コロナ禍で新たに取り組んだこと

求められる意識改革と価値観の転換

　人材派遣業に加え、新規事業を立ち上げようとした矢先にコロナ禍に直面しました。しかし、コロナ禍はアンサーノックスにプラスの変化ももたらしました。

　まず、事業展開として、これまでのメイン事業だった外国人の人材派遣の仕事が急減したことから、働きたい外国人の働き先をどのように確保するか、つくっていくかという課題に否応なく取り組む必要が生じました。その解決策の一つとして家事代行事業「アンサーキャッツ」を始めました。

　また、以前から準備していた農業分野の事業「アンサーファーム」も、計画より早く具体化することになりました。農家とレストランの「橋渡し役」になるほか、直接、生産者と消費者をつなぐ農産物の店舗販売も始めました。これらの取組みは、コロナ禍によって考え方、生き方を見直すことから生まれたものです。

　働き方にも変化が生まれています。すでにお話したように、これまで実現が難しかった週休3日制ですが、休業を余儀なくされ、仕事を見直してみると、社員の意識も「やればできるじゃない！」と変わってきました。

　コロナ禍における会社経営は、経営者と社員の意識改革、価値観の転換が大切と感じています。

【事例②】

社員に寄り添う働く環境づくりで業績もプラス

ていくあい有限会社

所　　　　属：奈良県中小企業家同友会所属
代表取締役：竹村　ひとみ
事 業 内 容：介護に関わる事業一般
創　　　　業：2004 年
所　在　地：奈良県奈良市
社　員　数：正社員 9 名、パート・アルバイト 7 名（2021 年現在）
Ｕ　Ｒ　Ｌ：http://teikuai.grupo.jp/

自己紹介・自社紹介

 自分が目指す看護・介護を実現したい

　私は、元看護師で専業主婦でしたが、訪問看護制度の始まりとともに、訪問看護の業界に入りました。やがて、自分が目指す看護・介護を実現したいという思いから、2004年12月3日にていくあい有限会社（以下、「当社」という）を設立し、翌年1月1日付けで介護事業の事業所許可を得て、事業を行ってきました。

 同友会で学んだ経営者の責任と覚悟

　奈良県中小企業家同友会で開催された「経営指針成文化＆実践セミナー」を受講して「労使見解」という文章のまえがきを読んだ時に、気づきがありました。「経営者としてすべきことが何もできていないし、わかっていなかった」と痛感しました。

　振り返ると、前職でも辞めていく社員、特にうつになって悩んで辞めていく若い社員に、私は「もっと関わっていたら……」と思う

ことがあったのです。経営者が社員に責任を持って向かい合うことは大切であり、経営者の姿勢によっては「人の人生をダメにしてしまうことにもなる」と考えると、怖くなりました。

　同友会については、人間的に素晴らしい方々、尊敬できる方々と出会うことができる場と感じています。「こんな生き方ができたらいいなあ」と思える方に教えてもらえ、社員とともに育ててもらっていると感じています。

 ## ３つの介護事業を展開

　展開する介護事業は、次の３つの事業です。
・地域密着型通所介護事業（デイサービス）「ていくていく」
・訪問介護事業（ヘルパー派遣）「かぐや姫」
・居宅介護支援事業（ケアマネージャー業務）「竹の家」
　現在の職員数は、常勤職員９名、非常勤職員７名（2021年５月現在）です。

小さいけれど地域に根ざした仕事

　当社の特色は、小さいけれど、地域に根ざした仕事ができていることです。子どもから高齢者まで、幅広い多様な年齢の方々と、いろいろな形で関わっています。「関わること」が仕事になり、生きることにつながる、おもしろい仕事と再認識しています。

　私個人としては、訪問看護師、救急救命士、音楽療法士、介護支援専門員と資格を取得しながら「生きる」とは何かについて悩み、問い続けてきました。今も、仕事の中で「人と関わり合う」ことをしながら答えを探しており、それが「とても楽しい」と考えています。

社長の思い・理念

同僚の死をきっかけに気づいた「話を聴く」大切さ

　創業前に働いていた職場は、大規模デイサービスを経営していました。とても嫌な社風で社内がギスギスしていて、「悪口を言い合う」ことが普通でした。仕事は「上司の機嫌をとること」というような状況で、仕事の目的を語る雰囲気はありませんでした。

　今でも残念なのは、その職場にいた若い男性事務職員にまつわる出来事です。彼は「仕事を任されることが嬉しい」と言っていました。その彼が、仕事中に車輌事故を起こし、そのことを思い悩んだのか自ら命を絶ってしまいました。事故当日、ゆっくり話を聴いてあげていたら…悔やんでも悔やみきれず、今も私の心の傷になっています。

　そう思っていた私でしたが、実際に経営者になったら「クレーム」が発生したり「指示していたことを忘れた」「指示されたことができない」などの問題が繰り返し発生したりする中で、「社員ができないこと」に「ここは学校か？」と怒りをためていました。

　自分は「在宅介護を極めたい」と思っていました。その一方で、

社員は自分で考えて行動するということもなく、理念をつくっても課題を要求しても、社員と私の間には落差がありました。この原因の一つとして、社員に普段から本を読む習慣がないということも大きいのではないかと思い、その落差に気づいた時から「読む」と「書く」ということを大切にし続けました。

また、介護業界では、スーパービジョン研修というものがあります。この研修では、施設の責任者から指導を受けたりアドバイスをもらったりして課題を解決していくのですが、このアドバイスをくれる人（スーパーバイザー）が、アドバイスを受ける人（スーパーバイジー）に対して定期的に適切な指導をしていくことを「スーパービジョン」といいます。このスーパービジョン研修で、「話を聴く」ことの重要性を知りました。

話を聴くと、社員の苦しみの奥が見えてきます。「仕事以外の個人的なこと」と割り切れないものが見えてきます。そこを自分で言葉にして整理できると、人は少しずつ変わっていきます。もっと言えば、「変わっていきたいと思う気持ちを整理することで変わっていく」と思います。そのような体験をたくさんしました。その結果、今では経営者と社員だけでなく、社員同士でも聴くことを大事にしてくれます。

やはり、経営者として、一人ひとりの社員の生まれてからのことを知っていくことは大切です。「資格を持っているからやれて当たり前」と思っていましたが、間違いでした。「中小企業は最後の学校」だと思えるようになり、社員を大切にして、しっかりと「話を聴く」ことで、社員は限りなく成長していけると思いました。

 家族との暮らしも大切にできると思えれば、仕事への意欲も変わる

当社で長年勤めてきたベテラン社員がなかなか休みをとれない問題について、社内で1年かけてみんなで話し合った結果、協力し合って2週間の休みを取ってもらうことができました。

その後、順番に2人が育児休暇を取得し、3年間続きました。とても大変でしたが、今年はすでに3人目の子どもの育児休暇を取得する社員がいて、そして来年早々にもう1人も2人目の育児休暇を取得予定です。昨年は介護休暇を必要とする社員もいて、取得できるよう協力し合いました。また、がんの末期で緊急入院した社員にも休暇を取ってもらって対応してきました。

　こうした社員の人生に寄り添う働く環境づくりに、社員と協力しながら対応してきたこれまでの経験が自信になって、理念研修の時に若い社員が言い出した10年ビジョンのひとつ「まるまる1カ月休暇」を実現することも、不可能ではないと思えるようになりました。

　また、育児や介護のための休暇だけでなく、私生活をより豊かにすることにも挑戦しています。当たり前に海外旅行に行ったり音楽や料理の趣味のために時間を取ったりしている社員が、増えています。昨年の夏、若い社員が海外視察研修に選ばれて約10日間デンマークに行けたことは、特に嬉しい出来事でした。

　働く環境の整備に取り組むことで、社員は「自分は大切にされている（見捨てられない）」「ここで働けて幸せだなあ（居場所がある）」「誠実に仕事をしよう！（人の役に経つ仕事がしたい）」など、そんな思いになれるのではないかと思います。安心して家族との暮らしも大切にできると思えることで、仕事への意欲も変わると思います。

　これらの取組みで、社員には、お互いに職場を守るために協力し合う関係ができあがりました。

　介護業界は「人手」が不可欠です。幸いにも「ていくあいなら」と、地域の介護業界でも「働きたい職場」として推薦してくれる良い関係ができています。その結果、「業績」は落ち込んでいません。

自分を知り、お互いを知ることで社風が変わる

　社員の意識が変わっていったのは、「理念研修」や「社員研修」を通じて、「お互いを知り、学びをともにし、時間を共有する」取組みを経験したことがきっかけでした。また、「認知症研修」や「スーパービジョン研修」を通じて「人間を理解する。関わり方を知る」ことも大きな力になっています。

　さらに、同友会が行う「入社式」「フォローアップ研修」「リーダー研修」「パワーアップ研修」「同友会大学」を通じて「世の中を知り、他社や他社の経営者、社員に学ぶことで自分を知る」こともできました。

　これらのことを日常的に繰り返しながら、日々の仕事の中でもミーティングなどで振り返ることを大切にしてきました。

 ## 働き続けたい人が働ける方法を考え、実践する

　女性の多い職場なので「結婚」「出産」「育児」「介護」などの人生と家庭の課題に直面せざるを得ないことがあり、常に「働き続けること」を困難にすることが多くあります。

　ですが、「働き続けたい」と思う人が働き続けられる方法を考え、実践することこそが、私たちの仕事（介護）を考え直す機会でもあるし、「働くこと」の価値を伝えられる場でもあると思います。大きな視点では、社会進化を進めることにつながるといえます。

　経営者として、意地でも、子育ても介護もお互いに助け合って、後悔がないように応援し合いたいと考えています。

取組みの見どころ

 働き続けられる特別休暇、休業制度を整備

　1つ目は、特別休暇の「10年ありがとう休暇」（就業規則24条）です。先にも述べたように、長年勤めてきたベテラン社員がなかなか休みをとれない問題について社内で1年かけてみんなで話し合った結果、「10年ありがとう休暇」の制度を創設し、実行することができました。このことをきっかけに、育児休暇や介護休暇を取れる会社づくりをしました。

　2つ目は、同じく特別休暇の「生んでくれてありがとう休暇（誕生日休暇）」です。両親と食事に一緒に行くとか、何らかのお礼などをして会社に報告をすることで、誕生日の前後1か月程度の期間に1日の休みが取れる制度です。この制度は、生まれてきたことを感謝する社風につながりました。

　3つ目は、「育児と仕事の両立に関する規程」です。世間的には「育児介護休業規程」などと表現されますが、この規程では、育児と介護を分けて編成しています。その思いは、仕事と家庭の「両立」にあります。私自身も、介護と育児をしながらパートで訪問看護をして勉強したことが力になったとの思いがあります。

　「専業主婦」も大切な役割を「分担」していますが、その努力が認められるのは家族間だけで、社会とは関係がありません。いわば、「夫との従属関係」での評価となりがちなのではないでしょうか。「働く女性」の「両立」は大変ですが、人間関係のぶつかりを体感しながら「世の中で生きている」感じがあります。正しく支援できる人間関係があれば、大きく成長できる可能性があります。

　当社では、「ていくあい　太陽にほえろ」という通信紙を発行しています。仕事と家庭の両立を目指し、子どもを保育園に預けて働いている若い社員が、介護という仕事を通じて自分の学びを同世代に伝えたいという思いから、内容が構成されています。

社内勉強会を通じて「自分たちがつくる」意識へ

　率直に言って、社員の就業規則に対する関心は、ありませんでした。また作成にあたっての法的な解釈や表現の仕方などを難しく感じていましたが、当社のことを理解してくれる社会保険労務士と出会えたので、当社のことを勉強してもらう一方、就業規則のことをしっかりと教えてもらい伴走してもらう関係ができあがりました。

　就業規則の勉強会が、内容の理解・社員参加では力になっていると思います。この勉強会を通じて「会社での働き方は、自分たちでつくるものだ」という意識が、特に若い社員には根づいてきたと思います。

　また、10年ビジョンについて話し合う中で「まるまる1か月休暇」がビジョンの一つとなりましたが、これには社員の関心は高いものがあると感じます。話し合いから生まれた「10年ありがとう休暇」を実現できたことが「やればできる」という確信になって、その延長線上の目標として出て来た発言なのではないかと思っています。

コロナ禍で新たに取り組んだこと

「変えてはならないこと」－利用者さんとともに悔いのない日々を送りたい－理念に裏づけられた決心

　コロナがあろうがなかろうが、いやコロナがあるからこそ、より私たちの仕事（介護という仕事）の存在意義が大きいと思います。入院や施設入所をすると家族にも会えない。胸が締め付けられる最期の方もいました。「最期は自宅で」と意思表示をされるご本人やご家族も増えました。

　しかし、誰がどこで感染するかわかりません。誰だって不安でいっぱいです。

　ところが、会議で「例えばＡさんがコロナに感染して私たちが看取ることになった時、ケアに行ってもよいという人はいますか？」と問いかけると、数人が迷わず手を挙げてくれました。みんな優しい。「誰かの人生に真摯に寄り添おうと必死なのだ」と思うと、ありがたく思いました。

　私の心は、彼女たちと、このコロナ禍で関わらせていただいた利用者さんとともに悔いのない日々を送りたいと、決まりました。

「変わったこと」－経営者の決断、「10年ビジョンの超高速早送り」

　まずは、感染予防について学ぶことでした。目に見えないものから大切なものを守るためには、やはり主体的に学び、実践、訓練することが必要でした。それは、技術として自分に身につき、大きな自信になります。コロナも他の感染症も、介護技術の向上には必要なことなのです。

　会議にはZoomを取り入れ、グループワークもやってみました。IT音痴なおばさん集団の大チャレンジでしたので、それぞれの家族（特に息子さんたち）に助けられた会議になりました。す

ると、意外な人に発言の場を与えられたことで現場の空気が変わりました。

　そこで、「経営者としての自分の仕事は何だろう？」と考えました。「世の中の価値も変わる。私たちが目指す10年ビジョン、きっと10年後では無理だ。今行動しないと夢はつながっていかない。今こそ10年ビジョンを超高速早送りして夢を実現し、10年後の新しい希望につなげるのが、まさに私の仕事だ」と決断し、「貯めたお金、借りたお金、今こそ使わせてもらう時だ」と考え、ボロボロだった古民家を改築することにしました。

　改装した古民家は、高齢、認知症になっても、人と関わり合える安心、働いて人の役に立ち、生きる実感と喜びを得ることを目的とした、カフェ、配食サービス、農作物をつくるなどの「働くデイサービス」にしました。これは、それまで無借金で事業を進めていた私が、起業16年目で大きな借金をしてのチャレンジとなりました。

　人と人とのつながりが断たれたコロナ禍の中でこそ、「働くデイサービス」を実現し地域に貢献したいと、決断したのです。

コロナ禍での経営

　振り返ると、コロナに背中を押してもらった気分です。2020年4月から5月にかけてデイサービスを一時休止したこともあって、昨年と比べて減少率は21％まで落ち込んだ月もありましたが、大きな改修工事をしながら忙しい毎日を皆と乗りきった数か月でした。気がつけば、決算は前年の売上を超えました。

　リニューアルしたデイサービスの中で「自分の家じゃないみたい」と迷子になりながらも笑って喜ばれる高齢者の方々を見ると、親孝行をした気分になります。「食べること」「働くこと」「一緒に生きること」で、自分自身の幸せも社員とともに、地域の利用者さんと歳を重ねて生きていきたいと思います。

　「天は自ら助くる者を助く」。なんと奈良県が実施する中小企業等再起支援事業補助金も通りました。万歳!!

【事例③】

労働環境の改善は
「社長の決意」から

株式会社山田製作所

所　　　　属：大阪府中小企業家同友会所属
代表取締役：山田　茂
事 業 内 容：製缶・板金加工および産業用機械設計製作
創　　　　業：1959 年
所　在　地：大阪府大東市
社　員　数：正社員 19 名、パート・アルバイト 0 名（2021 年現在）
U　R　L：https://www.yamada-ss.co.jp/

自己紹介・自社紹介

 徹底した改善活動で注目される会社

　当社はステンレスを中心に幅広い材料を使用した各種製缶板金加工品の製作を行っています。私の父が大阪市都島区で立ち上げ、現在の大東市で 1969 年に法人化しました。私は幼稚園の時から工場の中に自分の家があるという環境で育ちました。そういう環境で育ったこともあり、大学に入る頃には「父の後を継いで鉄工所を経営していく」という決心をしていました。

　営業として機械商社に 8 年間勤務した後、希望と理想、夢を胸に1994 年に山田製作所に入社しました。戻って来て気づいたことは、会社が汚いということです。鉄くずやホコリだらけで、煙草のポイ捨ては当たり前の会社でした。

　私は「もっと整理整頓して、もっといい会社にしていこうよ」と、会社で頻繁に訴え、徹底的に「整理・整頓・清掃＝3S」活動に取り組みました。今ではたびたびメディアに取り上げられ、NHK の「ルソンの壺」、プレジデント誌や東洋経済誌で紹介されるなど、改善活動に取り組む企業として知られるようになりました。海外からも含めて毎年 200 社くらいの方が見学に来てくれています。

　3S に取り組むことによって生産管理の「見える化」も進みました。初めて取引をするような場合、会社を見に来ることが多くありますが、会社を見ていただければ競合企業があっても 90％は受注できる自信があります。現場は最高のセールスマンだと考えています。

 経営者同士の本気の磨き合いで成長

　私は 1999 年に同友会に入会し、それからいろいろなことを学んできました。同友会は一緒に学ぶ仲間、切磋琢磨し合える仲間と出会えるところです。そして、経営の本質を学ぶことができる会です。

48　　　第 1 部　実践に見る経営課題解決編

本気の経営者同士がお互いに磨き合うところであり、経営者として惚れるような方と出会えるところだと感じています。

社長の思い・理念

 ### 「仕事に誇りを持ちたい」と人間尊重の経営

　人間尊重の経営について考えるようになったきっかけは、2000年に受講した大阪同友会の経営指針確立成文化セミナーです。経営理念を考える中で、自分には「ものづくりに対する誇り」がなかったことに気づいたのです。その頃は「自分の会社は下請だから」という下請根性が強かったのですが、セミナーを受講する中で、「働いている人にも誇りを持ってもらいたい。自分も持ちたい」と変わっていきました。それが、経営者として人間尊重の経営に取り組み始めたスタートになりました。

　取組みの1つとして、2001年に私が社長に就任してから、毎月月次で経理を公開してきました。「社員に隠し事はしたくない。嘘はつきたくない」という思いからです。2004年の秋に経営が厳しくなり基本給を一時的に下げなければならなくなった時、社員から「歯を食いしばって頑張ろうや！」という言葉が返ってきました。「嘘のない経営をしてきてよかった！」と感じた瞬間でした。

　人間尊重のベースには、嘘のない関係が大事です。お互いが対等だと考えているからこそです。そしてお互いに認め合える関係＝指摘し合える仲間になることを目指しています。社員一人ひとりがそれを自覚し、自律する社員の集団であること。そうであってこそ人間尊重といえると思います。

 ### 「残業は当たり前」という意識からの転換

　当社では「残業は当たり前」という意識が経営者と労働者にあり、

長時間労働が発生していました。2016年度の月間残業時間は平均50時間。一部の社員たちは143時間をピークに100時間超が3か月、そして80時間超が4か月続く状態でした。そして、有給休暇の取得率は4%にとどまっていました。

　少しは異常だと感じてはいましたが、正直なところ私は「町工場は作ってなんぼ」と考えていたのです。夜遅くまでの残業や周りの工場が休んでいる中での休日出勤が忙しさの証であり、優越感でもありました。

　しかし、中同協の『働く環境づくりの手引き』のプロジェクトに参加したことや、大阪同友会の「人を生かす経営連続講座」(「人を生かす経営」の考え方をベースに就業規則について考える学習会)を受講したことなどをきっかけに、自社は「やりがいブラック企業」であることに気づきました。理念を語らせると経営者も社員も熱く語りますが、しかし労働環境は旧態依然のまま。やりがいだけを振り回して、「良い会社づくりに取り組んでいるぞ」と、その表面だけを振りかざしていたことに気づいたのです。

　そこで、私は労働環境の改善に取り組むことを決意し、次の3点を目標に取組みを始めました。
　①　100時間を超えた月最長残業時間数を半分以下にする
　②　平均残業時間を月45時間以下にする
　③　権限移譲により個人負担を平均化させ若手の育成を行う
　当社は注文生産であるため、受注ごとに新たな設計・製作が必要であり、技術者の「腕」に負うところが大きい業務内容になっています。複数のベテラン技術者が定年退職し若手に業務をゆだねる体制となった後、技術的・納期的に厳しい受注があった時には、担当者は月100時間を超える過大な残業となってしまいました。その反省から、工程管理や外注管理、他の技術者への権限移譲などの業務体制の見直しなどに取り組みました。

取組みの見どころ

受注量31%増も月平均残業時間4%減

　取組みを開始した2016年度から2018年度までに、受注量は31%増加しましたが、月平均残業時間は4%減少しました。具体的には、2016年度の月49時間から2017年度は42時間に減少しました。受注伸びの大きかった2018年度は、月47時間に増加しましたが、業務量増加に比べ残業が増えていないことは、改善の効果と考えています。2019年度も売上をあげながら34時間まで減少しました。

　月最長残業時間は、取組みを開始した翌年には70時間台になりましたが、業務量の増大および退職者の業務肩代わりが理由で、2018年度は再び増加しました。

計画的付与により年休取得率64%に

　年次有給休暇は、計画的付与により取得率が10%から64%に増加しました。また、必要な時期に自由に取得する雰囲気が根づきつつあります。私も、まず自分からどんどん休むようにしています。

　2020年度からは、社員の提案で「毎月第一金曜日は5時に仕事を終える」ことを決めました。私も残っていると「早く帰ってください」と促されます。

労働環境の改善は経営者の本気が絶対条件

　会社の目標を記した「チャレンジシート」（経営者や社員がそれぞれの半期ごとの目標を明記、全社で共有し、目標達成に向けて取組みを促進するもの）で、私が半期ごとの残業削減目標数値を宣言したことが、取組みの推進力となりました。今まで「中小企業だからできない、仕方がない」と後回しにしてきましたが、労働環境の

改善は、経営者が本気になって旗を振ることが絶対条件であると確信しました。

 ## 現状をリアルに分析した数々の労働環境改善策

　大阪労働局が作成したパンフレット「中小企業の『働き方改革』取組事例集」で紹介されている内容に一部重複しますが、労働環境改善に向けて当社が具体的に取り組んだ内容は、次のとおりです。

① 社長が長時間労働削減対策を発表した。

② 長時間労働についての知識を研修で共有した。

③ 過去3年間の残業時間推移を発表し「見える化」を図った。

④ 毎月残業時間も分析，次の会議でチェックし、個人に偏っている業務を平準化するなどのアクションのサイクルを回すようにした。

⑤ 個人別の時間単位生産性指標である「人時生産性」を毎月チェックし、生産性目標が達成されているかを確認した。

⑥ 年次有給休暇の計画的付与制度を導入し、個人別方式で年3日を付与した。

⑦ 年次有給休暇取得計画表および実績表を作成した（グラフ化）。

⑧ 入社日に年次有給休暇を付与できるように就業規則を変更した。これにより、新入社員も入社直後から計画的付与による取得が可能となった。

⑨ 受注した製品の製作過程を発注者・受注者に「見える化」するシステムを、自社開発した。

⑩ 大阪労働局と大阪府中小企業家同友会共催の「ワークライフバランス実現のためのワークショップ」に基幹社員が参加し「意識改善」を図った。

⑪ 275項目の「山田製作所スキルマップ」を活用して能力開発の目

標を定め各自実行している。

⑫　社長判断による「選別受注」をした（後述）。

　⑨のシステムを開発した効果として、労働環境改善だけでなく次のようなものもあります。
・システムの利用により、スマートフォンの画面上で写真を確認することで顧客は設計変更や手直しがすぐ発注でき、納品前の立会回数が削減された。
・受注側には「やり取りのデータ履歴」が残るため、同じ注文を受けたときの担当選定や作業手順の確認時間が短縮された。
・出張や手順確認のための時間が短縮された。
・2017年度の残業時間が前年比で15%削減された。
・自社での使用実績を踏まえ、中小企業の残業削減に役立てようと「町工場の仕事の進捗管理」としてこのシステムの販売を開始した。

 ## 全員参加の会社づくりで社員の自主性・自発性を引き出す

　労働環境改善の取組みの土台となっているのが、当社の経営指針の成文化・実践を通した全社一丸の企業づくりです。同友会で「労使見解」を学び、長年、経営者と社員がともに学びともに育ち合う社風づくりに全力を傾注してきました。

　経営指針づくりでは、決算の2か月前にリーダー会議が開かれます。そこで今期の総括と来期へと繰越しにする課題が議論され、方針の骨子を作成します。そして、全社員による一泊方針策会議で論議して方針を確定し、単年度の行動計画および予算計画を立案しています。それを毎月の月次会議（全社員参加）にてチェックとアクションを確認し、実践につなげています。

　就業規則の見直しについては、個人面談や会議での議論などで出された内容に関して経営者側からたたき台を提案し、社員同士で決

めてもらっています。

 ## 大切な経営者としての判断・役割

　一番効果があったのは、社長にしかできない、「社長判断による選別受注」です。つまりは仕事を断ったのですが、結果としては断っても仕事は来ました。

　2016年の秋、1台700万円の機械を3台受注したのですが、納期に余裕がなく、徹夜で仕事をして間に合わせました。月100時間を超えるような残業をしていたのは、これが原因でした。しかもまったく儲かりませんでした。そして、2018年の2月にまったく同じ注文が来たのです。

　そこで、「3台はできません。1台840万円かかります」と交渉したところ、それで受注できたのです。「山田さん、1台つくってください。2台は他の会社に発注するので、スーパーバイザーとして指導してください。指導料ももちろん払います」という受注内容となりました。

　このような判断は、経営者にしかできません。また、このような対応ができるためには、ものづくりの会社ならば生産管理や品質管理がしっかりできていること、経営指針に基づく経営がしっかりできていること、かつそれがしっかり発信できていることが必要になります。

　ほかに、2001年から社員一人ひとりとの3行の交換日記を19年間続けています。その日の仕事のことなどを社員が記入し、翌日までに私と現社長が交替で1人ずつコメントをつけて返しています。

　19年間続けているもう一つの取組みとして、社員のお母さんまたは奥さんの誕生日に花束を贈っています。「○○（社員の氏名）さん、頑張っています」などのメッセージを付けていますが、社員を家庭で励ましてくれているところもあるようです。

【事例④】

社員の声に耳を傾け
業界の常識を打ち破る

有限会社京美容室

所　　　属：新潟県中小企業家同友会所属
代表取締役：関原　英里子
事 業 内 容：美容室、エステティックサロン、まつげエクステンション、ブライダル美容
創　　　業：1993 年
所　在　地：新潟県上越市
社　員　数：正社員 5 名、パート・アルバイト 15 名（2021 年現在）
Ｕ　Ｒ　Ｌ：https://www.kyo2.info/

古い美容業界で育ち、ゼロからのスタート

　私は 1993 年に新潟県上越市で美容室を開業しました。開業当日のお客様はゼロ、まさにゼロからスタートし、1997 年に会社を設立しました。

　私の母も美容室を営んでおり、その当時スタッフは住込みで働きながら技術を磨くのが当たり前の時代でした。私も設立からしばらくは経営のことは何も考えずに、自分が育った古い美容業界そのままの経営をしていました。「スタッフに仕事を教えているのは自分だから稼いでいるのは自分」という意識のもと、スタッフを駒のように扱っていました。当然、社員は辞めていきました。

 華やかさの裏のブラックな労働環境はかつての自社も同じ

　美容業界は華やかな職業である一方、働く環境についてブラックな部分が多く残っている業界でもあります。営業が終わった後も「練習会」という技術研修があり、夜中まで続くこともあります。この練習会は一緒に付き合っている先輩スタッフも含め、残業代が出ないことも多くあります。

　美容室の 1 か月の平均休日は 6 日で、お店の休みがスタッフの休みであるところが多いですから、もともとの休日が少ないです。しかもその休みの日に講習会かカットモデルハントなどをしています。美容師の働く環境は、過酷な状況にあると言ってよいでしょう。

　当然離職率も高く、一説には 1 年で 40％以上、3 年で 70％以上、5 年で 80％以上の社員が辞めていくともいわれています。その理由として、民間の調査では業務内容の割に給与が低いこと、精神的に疲れること、1 日に働く時間が長いこと、などがアンケート結果として出ています。また、その他薬品アレルギーになったために辞め

ていかれる人も一定数います。

　当社もかつては、こうした「業界の当たり前」を、当たり前のこととしていました。

社長の思い・理念

 「美容業界の常識は世間の非常識」に気づき、安心して働ける職場を目指す

　こうした状況の中、同友会に入り経営について学ぶ機会がありました。私がこれまで当たり前だと思っていた美容業界の常識は、他の業界から見れば非常識であり、会社は経営者のものではなく、スタッフも人間だということに気づかされました。

　それから弊社を安心して働ける場所とするために、社会保険労務士とタッグを組んで取り組むことにしました。

取組みの見どころ

 社員の声を聞くため専門家に「社外窓口」を依頼

　最初に取り組んだことは、社員の声を聞くことでした。社会保険労務士に会社の会議に参加してもらい、「会社や社長に言いたいこと、不満に思っていることは全部、私に言ってください」とスタッフに伝えてもらいました。それ以来、社会保険労務士の携帯電話の番号をスタッフルームに掲示し、社員から直通で連絡できる仕組みになっています。

　当然、社会保険労務士には誰が言ったのかはわからないようにして会社にフィードバックしてもらい、連絡のあった会社や職場環境などに対する不満をもとに改善を行うようになりました。

　重要なことは社会保険労務士に連絡してもらいますが、日々の相談や愚痴などは事務の社員が聞きます。その中で重要なことがあれ

ば、私に報告が来て改善するようにしています。

　社員との交換日記も行っています。全社員と社長の一対一の形で、各社員と平均月1回程度の頻度で行っています。続けるうちに、社員もプライベートを含め様々なことを書いてくれるようになり、社員の今の状況がよくわかります。私の宝物となっています。

 ## 社会保険、就業規則、スタッフルームなど次々整備

　社会保険への加入にも取り組みました。美容業界の社会保険加入率は低く、社会保険に加入できるだけでも喜ばれる業界でした。弊社でも一部のスタッフしか加入していませんでしたが、対象となる社員を社会保険に加入させていきました。

　さらに、就業規則の作成と見直しにも取り組みました。それまでも就業規則自体は一応ありましたが、机の中にしまってありました。この就業規則を、会社を守るためではなく社員を守るものとして見直し、現在は定期的に見直しています。

　そして、労働環境の改善にも様々に取り組みました。美容師の仕事は、忙しいときは食事を取る時間やトイレに行く時間もないというのが実情です。時には膀胱炎になってしまうこともあります。そこで、スケジュールやシフトを適正に組み、スタッフルームを整備して広くすることで、きちんと食事を取れてトイレにも行くことができ、休憩も取れる仕組みをつくりました。

　他にもシャンプーや薬剤などで手荒れがひどくなり、アレルギーなってしまった社員がいたため、新たにブライダル事業やエステ事業を始め、雑務なども含めて配置転換のうえ、辞めざるを得ない状況にならないよう、長く働いてもらえる職場をつくりました。

 ## 女性が働きやすいよう出産育児制度にも注力

　美容業界は女性の多い業界です。女性が安心して長く働けるよう、

産休・育休がしっかりと取れる仕組みづくりにも力を入れました。

　私自身3人の子どもがいますが、ずっと働いていたため、子どもの面倒を母に見てもらっていました。学校などの行事にも参加したことがなく、スタッフにはそんな思いをさせたくないという気持ちがあります。ですから、スタッフには学校や保育園などの行事には積極的に参加するよう促しています。そのため、シフトやスケジュールにも子どもの行事を記載し、きちんと休むようにしてもらっています。

　子育て中は家族の病気など、急な用事での早退・時差出勤などが度々発生します。そうした状況でも社員同士がお互いに融通し、助け合っています。時には他の店舗から応援に来てもらうなどして、お客様には迷惑がかからないようにしています。社員同士が助け合う関係ができています。

ライフスタイル、家庭状況に応じた柔軟な働き方

　雇用形態についても、柔軟な対応をしています。雇用契約の際や、家庭環境が変わったとき（子育て中、正社員からパートになったり、

子どもの学費のためパートから正社員に戻ったり）に面談を行い、家庭状況に応じた働き方を実現できるように話し合い、各人に合わせた働き方を選択してもらっています。そうした場合でも、収入が変化しないよう、働いている時間の長さではなく、各人の頑張りに応じて収入が増える仕組みづくりもしています。

こうした取組みが若い社員にも伝わるよう、配置を工夫し、入社から結婚、出産・育休、復帰後の管理・指導の仕事に就くといった自分の将来像を、先輩社員の働き方から学べるようにしています。

年間休日についても、増やす取組みを行いました。美容師の平均休日は月6日という統計もありますが、当社では年間108日の休日（月9日）が取れるようにしました。

また、連続1週間の休みなどにも対応できるよう、本人の希望を確認して有給休暇やシフトを工夫しています。新潟という地域性もあり、冬の降雪期にはお客様の来店が極端に少なくなります。こうした機会を使って長期の休みも取れるようになっています。

練習会についても、美容業界では労働時間に含まない考え方が一般的です。そこで使う道具や備品なども、社員が自分で負担することが当たり前になっています。しかし、当社では練習会の時間も営業時間内として、参加費や道具も会社負担としました。

定着率も向上し出産後の復職率は 95％

こうした取組みにより、社員の定着が良くなりました。今までに13組の社員が結婚し、20回の出産もありました。出産後の職場への復帰率も95％です。求人にかかる費用もゼロになりました。社員が新しい社員を連れてきてくれるようになったからです。

一連の取組みの中で気がついたことは、「社員さんの生きている時間をいただきながら経営している」ということです。その大切な時間を無駄にしないために、経営者はより良い働く環境づくりに取り組むことが大切だと思います。

コロナ禍で新たに取り組んだこと

非常事態マニュアルを作成し関係先に無料配布

　いち早く非常事態マニュアルを作成し、社員やお客様から感染者が出た場合の対応方法、休業などの取扱いについて明確にしました。併せて行動指針書も作成し、感染予防につながる行動について、マニュアルにしました。

　この2冊のマニュアルはコロナの状況に応じて改定しつつ、同業他社や取引先にも無料で配布し、役立てていただきました。

店舗営業は自粛し、在宅勤務を選択可能に

　当社で経営している美容室、エステティックサロン、ブライダル事業などは、どれもコロナ禍の影響を大きく受ける業種です。接客業であることから、社員の不安も大きくありました。

　子どものいる社員から仕事での感染が怖いとの声が上がり、当社でも2週間の営業自粛を行いました。この間は、休業として雇用調整助成金なども受給しましたが、社員に対しては選択肢としてアクセサリーづくりの在宅勤務も選択できるようにしました。美容師は手先が器用なこともあり、作成されたアクセサリーは営業再開後店舗等で販売し、お客様からも好評をいただいています。

　また、「未来チケット」として、当社の各事業で商品サービス等を購入できるチケットを作成し、販売しました。当初は、結局将来の売上を食っているだけではないか、という意識も社員の中にありました。しかし、ある時マネージャー・店長との話し合いの中で、覚悟を決めて現在の大変な状況を伝えました。それからは社員の取り組み方が大きく変わり、一気に未来チケットが売れるようになり、結果的には目標の2倍の売上高をあげることができました。

　こうした社員の頑張りのおかげで、一時的に部署を異動しても

らった社員はいましたが、4月には新入社員にも入ってもらい、1人も解雇することなく事業を継続しています。

しっかりした感染対策と相互の信頼関係の大切さ学ぶ

　私たちの仕事は、濃厚接触業ともいえる業種です。社員同士、お客様との間でも、「もしかしたら感染してるかも？」という不安がつきまといます。しかし、その中でも疑心暗鬼に陥らず、しっかりとした感染対策をとったうえで、人を信用することが大切だと学びました。

　そして、働くことは生きることなのだと、これほど強く思ったことはありませんでした。社員としっかり話し合い、お客様の安全と、社員の生活、雇用、命を守るために、可能な限りの手を打っていくことが経営者としての責任、覚悟なのだと思います。

【事例⑤】

社員参加の働く環境づくりで 経営の組織化と安定化

株式会社タナベ刺繍

所　　　　属：香川県中小企業家同友会所属
代表取締役：田部　智章
事 業 内 容：刺繍に関するデザイン製作および商品企画、服飾二次加工全般
創　　　　業：1969 年
所　在　地：香川県東かがわ市
社　員　数：正社員 21 名、パート・アルバイト 2 名（2021 年現在）
Ｕ　Ｒ　Ｌ：https://www.e-tanabe.net/

63

甘い考えでの入社から突然の社長就任

　私が当社に入社したのは1989年、17歳のときでした。高校へも行かずフラフラしていた私は、遊ぶ金欲しさと、自分の両親が経営する会社なら楽ができるだろうという甘い考えでした。入社してしばらくは、会社は何の問題もなく回っていると思っていました。

　しかし、1998年、私が26歳の時に父親が病気で倒れて仕事を引退することになり、母親の判断で私が社長に就任することになりました。ちょうどこの頃、地場産業が生産拠点を海外に移し始めました。みるみるうちに仕事は減りましたが、私は、「早く帰れて良かった」くらいにしか思っていませんでした。

会社の借金を知って経営者の責任を自覚

　しばらくして、気まぐれで財務に関するセミナーに参加しました。本当に基本的な内容でしたが、資金繰りの話があり、自社はどうなのかと初めて気になって会計をしていた母親に会社の財務状況を教えてもらったところ、実は大きな借金があることを初めて知りました。

　「それなりに回っている」と思っていた私は、慌てて当時やっていた仕事を確認すると、ほとんど利益がないことがわかり、これはマズイと思いました。

　「会社の借金を自覚する」。これが経営者として経営に責任を持った出発点でした。

地場産業の下請け工場として創業

　社員数は21名です。日本国籍を持つ外国人が2名、知的障害者

が1名います。現在の年商は、1億3,000万円前後です。

　当社は、1969年に私の両親が創業しました。父親が社長でした。

　私が会社を引き継いだ時は、地場産業の単なる下請け工場でした。もともと、この地域の地場産業は手袋産業です。当時から国内に流通する手袋の90％を出荷していました。地域の労働人口の約半分が手袋産業に関わる仕事をしていて、当社も、地場産業の中で手袋に刺繍をする仕事が中心でした。

業界でも珍しい仕事

　こだわっているのは刺繍の商品です。国内のファッションアパレルブランドに刺繍の表現やデザインを提案して、刺繍加工の依頼をいただいています。

洋服以外にもいろいろな仕事があって、舞台衣装や美術の依頼を受けることもあります。TV コマーシャルの象徴的な衣装に刺繍で関わったり、有名なテーマパークのシンボルフラッグに 1m の巨大な刺繍を施して使用されたりした実績などもあります。

　業界でも珍しい仕事をやっているので、会社見学もあります。

　小さい会社ですが、トップブランドに関わることができて、一つひとつの仕事にやりがいのある刺繍を創っていることが当社の誇りです。

 ## 経営指針があって今の会社ができた

　同友会では、現在、支部長、社員教育委員会委員長を担当しています。同友会には 2013 年に 40 歳で入会して、今年で 8 年目。同友会に入会した翌年の 2014 年に経営指針を創る会に参加し、約半年間かけてタナベ刺繍の指針書を成文化しました。

　成文化の段階では文章がびっしりでしたが、社内発表の日が近づくにつれて少しずつ削り、最終的には最低限の内容になって、ペラペラの指針書になりました。

　経営理念は「驚きと感動の刺繍で笑顔を創る」です。社会から必要とされ続ける刺繍に携わり、自分の成長を通じて家族、仲間、地域社会を幸せにすることを目指すことを明らかにできました。

　私は、身の丈に合った指針書ができて、この指針書を社員と見直して共有することで、今の当社の状況がつくられたと確信しています。

社長の思い・理念

 ## 社員に教えられた「人は成長する」

　経営指針の成文化に取り組んだ 2014 年、会社は大変でした。時

期的に定年退職などが重なって、30名だった社員が20名に減りました。何とか人手を確保しようと、あらゆる方法で採用しましたが、この1年間で10人採用して10人辞めました。

　社員にすべてを任せると決めて無理やり会社を組織化する中で、製造部の部長として当時57歳のベテラン女性社員を起用しましたが、残念なことに、その部長が関わる社員が次々と辞めていったのです。他の社員から「部長を他の人にしてほしい」と毎日のようにクレームが来ましたが、それでも私は皆を説得し続けました。

　部長も大変だったと思います。毎日他の社員と衝突するので部長を辞めたいと、何度も言ってきました。その度に「すべての責任は私にあるので続けてほしい」「私と学んで成長してほしい」と説得して、一緒に同友会に参加しました。次第に部長は成長して、彼女が原因で社員が辞めていくことはなくなりました。

　部長は、今年64歳になります。他の幹部社員と一緒に指針書の更新にも取り組んでくれるようになって、今では立派な幹部社員です。念願の持ち家を購入することもでき、まだまだ仕事をしたいと言ってくれています。

　その部長に、知的障害のある女性社員の将来について相談したことがありました。「この先、彼女が歳をとった時に彼女を支え続けるには、どうしたらいいと思う？」と聞くと、「彼女を育てることが大切だ」という答えが返ってきました。香川県人はうどんが大好きですが、彼女は1人でうどん屋に行けなかったそうです。そこで部長が彼女と一緒にうどん屋へ行って、注文の仕方、支払いの仕方を教えたところ、今では1人でもうどん屋に行けるようになったというエピソードも、教えてくれました。

　部長には「年齢や条件は関係なく人は成長すること」を気づかせてもらいました。

猛烈に働いても業績不安定、社員定着率も悪いまま

　まず、経営者として自社を振り返ったときに、初めて考えた目標は「借金返済」でした。社員のことは考えませんでした。その「借金返済」の目標達成のために「仕事が足りない」ことが最大の課題だと考えて、日本全国に広がるファッションアパレル業界に挑戦することを決意し、やったことのない営業活動にも取り組んで、業界の合同展示会に出展するなど、猛烈に頑張りました。

　少しずつ仕事も増え、2004 年にはヒット商品が生まれて、急激に注文が増えました。この頃は、大きな声では言えませんが、給与と残業代が同じ額になるほど残業の多い状況でした。当時、私をはじめとして若手男性社員の睡眠時間は、2 ～ 3 時間程度でした。

　本当に大変でしたが、ようやく業績は回復し、ずっと我慢してもらっていた給料も上げることができ、機械設備も新しくなりました。しかし、20 名だった社員は 15 名になっていました。

　その後、業績の拡大に合わせて社員を 30 名にまで増員しますが、明確な方針や戦略がなかったため、拡大したとはいえ業績は不安定で、社員の定着率も悪いままでした。

社員と話し合い「やらない仕事」を明確化

　2014 年に経営指針を成文化し、その後、社員と一緒に更新しました。その経営指針のキーワードの一つに「全員が本気で取り組める仕事に絞り込む」がありました。当時、営業が取ってきた仕事に対して、製造部から文句が出ることがありました。生産状況を分析すると生産性の低い受注があったからです。

　幹部社員と話し合い、目先の数字を追いかけて何でも受注することをやめました。「やらない仕事」を明確にしたのがこの方針です。営業部は、気前良く仕事を断ってくれました。私は内心ドキドキでしたが、蓋を開けてみると、受注数は減っても平均単価は上がった

ので、結局売上は横ばいでした。

 ## 「仕事の絞り込み」から「量にも挑戦」へ

翌年の経営指針の見直しでは、仕事の絞り込み過ぎを見直して、「絞り込んだうえで、その量にも挑戦する」としたところ、次のような変化が生まれました。

① 収益構造が変わった

以前の、とにかく仕事をかき集めるような考え方が変わり、付加価値の高い仕事が残りました。結果的に利益を出しやすくなって、社内に余裕が生まれました。

② 価格決定権が得られた

自分たちが努力して生み出した刺繍が認められ、それが仕事につながることで社員に自信が出てきました。もっとおもしろい刺繍を創る意欲も出てきて、良い循環になっています。

③ 社員同士のミーティングが増えた

以前は、社員同士で仕事について話し合うことはほとんどありませんでした。しかし、技術力を問われる難しい受注の仕事だけになったので、お互いに助け合ったり教え合ったりするようになりました。

④ 職場環境の改善が進んだ

職場環境を良くするための相談も増えて、自主的な社内勉強会の取組みも定着しつつあります。この変化から気づいたことは、社員が成長しなかったのは会社のことを知らなかったからだ、ということです。私が持つすべての情報を共有したら、私より良い判断をできることがわかりました。

⑤ 働き方が変わった

成文化の過程で指針書について社内アンケートをしたところ、休日や労働時間の改善に関する要望が多いことに気づき、給与だけでなく、広く働き方の改善に取り組む必要があることを明確にできま

した。

　その後、上記の絞込みを経て作業の量が減りましたので、残業はほとんどなくなりました。

　会社の休日は、日数も含めてすべて社員に任せています。すると、毎年会社の休みが増えて、誰かが抜けてもサポートできる体制ができました。私の休みが一番少ないです。

　おかげで、休日が増えても今期は5%ほど賃金のベースアップができました。

⑥　採用基準が変わった

　ありがたくも毎年新卒採用で応募があります。「経営理念に共感してくれる人を選ぶ」という基準が前提としてありますが、面接では、会社の良いところだけでなく、改善が必要なところもすべて伝えます。迷っているようなら、社内で一番辛口の社員に同席してもらい、タナベ刺繍の残念なところをすべて伝えたうえで、一度家に帰って親と相談するか、じっくり考えてもらいます。

　定着率が悪かったのは、都合が悪い部分を隠しての駆け引きのような採用が原因でした。

⑦ 経費の考え方が変わった

　指針書を成文化して最初に取り組んだのが、トイレのリフォームです。和式で男女兼用だったのを改善してほしいという要望を、先延ばしにしていたからです。他には、社員の駐車場を整備したり靴箱を新しくしたりもしました。

　仕事には直接関係のない、でも社員が喜べるところに経費を使えるようになりました。もちろん、IT の導入による効率化もやっています。

取組みの見どころ

 経営の組織化、安定化のために就業規則と評価制度を整備

　もともと、10 年ほど前に「ちゃんと就業規則をつくろう」と考えて作成していましたが、つくっただけで実態と異なったままでした。経営指針書をつくった時に、会社の組織経営を推進するためには、就業規則もつくり直さなければと思いました。

　経営を安定化させるために 2013 年頃に評価制度を作成し、給与の予算化にチャレンジしました。給与テーブルを作成し、評価制度をつくったのですが、「減点方式」で何を目指していくのか、理念に基づいていないし、社員には成長の道筋が示せない、キャリアモデルが見えないと感じました。

　そこで、再度思い直して社員と話し合い、評価シートを作成し直しました。週 1 回、午前 11 時から午後 1 時までランチを食べながら、半年かけてみっちりと取り組みました。その構成は、『企業変革支援プログラム』という同友会の発行しているテキストに、着想を得たものです。

　自己評価をする際は、本人の自己評価について事前に考えてもらい、上司が社員に話をして質問をしながら取り組んでいます。次に、社長が内容について話をしながら確認をしています。

取組みのカギは社員の参加

　まず、社員と上司、社長とも一体となって評価シートに取り組むことで、社員の考えていることや状態、課題が手にとるようにわかります。その社員の人生の歩みの中で出てくる考え方も、深く話し合って知り合うことができます。

　次に、就業規則は、社長はノータッチで、社員同士が討議しながら疑問点も出し合って改正に取り組んでいます。その過程で明らかになったのは、社員のいちばん大きな関心は「会社の休み方」であるということです。検討の結果、自分が好きな日に休める制度として「選択休日10日」を制度化し、固定休日95日に選択休日10日が加わり、以前の年間102日の休日が105日へと、3日増えることとなりました。

　さらに、出退勤の管理の仕方も議論しました。ある日、タイムカードの機械が落ちて壊れてしまったので、知合いのシステム会社に依頼して顔認証の勤怠システムを導入しました。時間管理が明確になったので始業について社内で議論し、9時に朝礼開始とすることになりました。

　こうして、一つひとつの働く環境づくりに関することを、常に社内で話し合って具体化する会社となりました。

コロナ禍で新たに取り組んだこと

休業ではなく新しい挑戦を選択

　2020 年は前年の暖冬の影響もあって、厳しい業績見通しの中でのスタートでした。何とか立直しを図ろうと社内で話し合っていましたが、2 月に入ると新型コロナウイルスが流行し始め、3 月以降の全国一斉休校、移動および営業自粛などにより、アパレル業界は大きく影響を受けました。発注キャンセルが相次ぎ、当社も前期比売上 70％減という状況が 4 か月続きました。

　そうなることは 3 月の時点で予測できていたので、雇用調整助成金を使って会社を休業するのか、それとも新しい「何か」を自分たちの力で売ることに挑戦するのか、ギリギリまで社内で議論を重ねた結果、後者を選ぶこととなりました。

　とは言え、自分たちにできることといえば「刺繍」と「ものづくり」しかありません。まずは、当時品薄だった布マスク製造に活路を見出すことにしました。1 週間で販売できる体制を整えて、地元の事業所などに営業をかけるところから始めて、EC サイトで一般向けの販売を開始しました。そうして少しずつ実績をつくりながら、社員の生活を守れる売上が見込める販売先と出会うことができて、8 月になりようやく一息つけるところまで来ました。

　これまで刺繍加工だけでやってきたので、自社製品も初めてなら、自分たちで売り込むのも初めてです。しかし、社員は会社の危機を十分に理解してくれて、本当に一丸となったからこそ希望がつながったと思います。慣れないマスク

製造でしたが、私は「まず1日100枚の出荷を目標にしよう。それを達成できたら1日1,000枚の出荷が見えてくる。1日1,000枚を出荷したら、何とか皆の生活を守れる」と言い続け、社員たちはその売り先を探し、社内の生産体制を整えて、本当に1日1,000枚の出荷を実現してくれました。

　本当に嬉しかったですし、全員で喜び合うことができました。私が「次は1日2,000枚を目指そう！そうすれば、皆の未来が描ける！」と皆に伝えると、社員たちはそれも実現してくれました。

　当社にとって、自社製品で売上を確保することは長年の経営課題でしたが、コロナ禍というピンチをきっかけに挑戦することができたと思います。その土台をつくったのは、間違いなく経営指針書の成文化と同友会の学びがあったからです。社員と一緒に何度も話し合い、悩み苦しんだからこそ、難局を乗り切る力が出たと思います。

　まだまだ先は見通せませんし、コロナの影響はまだまだ続きますが、私自身も、社員と一緒ならもっと会社を成長させられると実感する機会になりました。

下請けからの脱却は働く環境づくり
も大きく前進させた

株式会社ユーワークス

所　　　　属：一社）東京中小企業家同友会所属
代表取締役：吉本　英治
事 業 内 容：システム開発・ソフトウェア開発に関する各種受託業務など
創　　　　業：2001 年
所　在　地：東京都文京区
社　員　数：正社員 18 名、パート・アルバイト 7 名（2021 年現在）
U　R　L：https://youworks.jp/

自己紹介・自社紹介

 IT 大手からベンチャー企業へ転職

　私は石川県金沢市出身で、東京での大手 IT 企業勤務の後 PR 会社勤務を経て、ユーワークスに転職しました。当時、学生時代の同級生が立ち上げたベンチャー企業でしたが、様々な経緯があり 20代で社長に就任しました。現在は、関連子会社である株式会社エイミーの取締役と海外子会社であるミャンマー法人 Innovasia MJ CO.Ltd の代表も兼務しています。

 事業内容はシステム設計・開発・保守など IT コンサル

　当社は東京都文京区で、IT システムのコンサルティング、設計・開発・保守、医療機器メーカーや大学・研究機関向けの IT 支援を行い、AI の応用研究や IoT 関連アプリの試作開発なども行っています。

社長の思い・理念

 「3.11」に休めない下請け体質からの脱却を目指す

　当社では 2000 年代には下請の仕事が売上の約 65% を占めており、現場の働き方も元請の都合に左右されるのが当然の状況でした。当時は労働時間の把握もしていませんでしたが、社員もまだ若く、長時間の残業が頻繁に発生する状況でも、特に社員からの不満もなく、会社も回っていました。

　そうした状況が大きく変わったのは、2011 年の震災（3 月 11 日に発生した東日本大震災）がきっかけでした。「3.11」の震災は金曜日に起こり、その日はとにかく社員全員を帰らせました。日曜日

に福島県出身の社員から電話があり、「実家が心配で1週間休みたい」との申出がありました。当然のことと休みの取得を認めましたが、その後、その社員から「クライアントが休むのを認めてくれない」との連絡を受けました。

　何を言われているのか、理解できませんでした。クライアントに電話をしてみると、「年度末のタイミングで開発を遅らせるわけにはいかない」「休むのであればお金は払えない」と言われ、大喧嘩になりました。結果的に、その場でクライアントに契約解除を告げました。それでも怒りは収まらず、すべての下請仕事に対して嫌悪感が出てきて、すぐさま、他の下請の案件も契約解除に踏み切りました。

　すぐにすべての下請がゼロになったわけではありませんが、数年をかけて下請体質からの脱却を進めていきました。

 ## 社員の結婚・出産ラッシュが働く環境づくりのモチベーション

　当時、働く環境づくりを行う必要性がもう一つありました。社員の結婚や出産ラッシュです。それまでは20代の若手プログラマー集団であったユーワークスですが、社員が家庭を持つようになり、今までのような働き方が、徐々にできなくなりつつありました。このままでは社員が仕事と家庭の板挟みで苦しむ、その思いが一番のモチベーションになりました。

　今では働く環境づくりに積極的に取り組んでいる会社といわれることも多くなりました。しかし、私としては仕事の無駄を排し、効率化し、生産性を高めることに取り組んできたのだと思っています。そして、それが結果として働く環境づくりにつながっただけだと捉えています。

　同時に、社員は会社のものではなく、会社は社員の人生の邪魔をしてはいけないとも考えています。理念も、社員の人生を邪魔するようなものではいけない。社員の人生と会社の方針の一致が必要だ

と思います。

　また、社員の人生とライフステージは多様です。均一なほうが楽だけれど、各人の人生の捉え方やステージはそれぞれ違います。そんな中で、関わってもらう人に前向きな苦労、努力をしてもらいたい、しなくてよい苦労はしないでほしい。そのために、できるだけ負荷は会社が請け負い、効率的で無駄のない、多様性にも対応できる柔軟な体制の構築を図っていきたいと思っています。

取組みの見どころ

 研究機関や公的機関への営業は働く環境づくりにもメリットあり

　下請をなくすにあたっては、新規の営業が必要です。どの市場に営業をすべきか、たどり着いた結論は研究機関や公的機関です。当時から売上の 10% 程度は研究機関や公的機関からのものであり、実績もありました。当時は、民主党政権で行われた事業仕分けにより、独立行政法人や大学が予算縮小によって混乱していた時期でもありました。この混乱は、当時 4、5 人の小規模企業であったユーワークスにとっては潜り込むチャンスとなりました。

　また、研究機関を顧客にすることには、働く環境づくりにおいても強いメリットがありました。それは、研究機関は基本的には夜や土日は働かずに休んでいるという点です。24 時間 365 日対応が求められるシステム開発では、家庭を大切にする働き方は難しくなります。公的機関向けであれば、この点をクリアできるという読みがありました。

　公的機関をターゲットに新規開拓営業を行うにあたって、入札案件情報サービスへの加入や、全省庁統一資格の取得、Ｐマーク取得などの投資も行いました。営業利益が 100 万円〜300 万円であった当時、150 万円ほどの投資は勇気のいる決断でした。

エンジニアの半営業化と保守業務の受注でモチベーション向上

　当時のユーワークスは、営業マンを専属で雇える規模ではありませんでした。そこで行ったのが、エンジニアの半営業化です。エンジニアが顧客と直接コミュニケーションを取ることで、無理なく現実的なスケジュールで仕事を取ることができますし、積極的な提案も可能になります。

　これを実現するために、これまであまり請け負ってこなかった保守業務を積極的に受注するようになりました。保守業務を行えば、エンジニアはお客様と定期的にコミュニケーションを取ります。「その中で必要があれば声をかけてもらえるかもしれない」というねらいもありました。

　この施策は、売上のストック化という効果もありましたし、結果的にエンジニアが顧客の要望を実現し、その後の反応も直接受け取ることができるようになったことで、モチベーションの向上にもつながりました。

仕事の共有化も進め残業ゼロを達成

　併せて行ったのが、仕事の共有化です。社長が多くの案件にプロジェクトリーダーとして介入し、それまで個々のエンジニアに任せていた仕事の共有化を進め、1人が病気になったら替えがきかないという状況を改善していきました。

　このような取組みにより、数年をかけて下請率ゼロ、残業ゼロも達成することができました。同時に、会社としても利益率が大幅に改善していきました。

　下請の仕事では、自社とエンドユーザーの間に何社も入っているため、確認一つ取っても時間がかかり、その時間のしわ寄せが無理なスケジュールを生むことがままあります。直接エンドユーザーとやり取りができるようになったことでこうした無駄な時間がなくな

り、多少無理なことを頼まれても調整がきくようになりました。このため、生産性が向上し、残業がなくなっても利益を確保できています。

しかし、客先の転換により失ったものもあります。流行の技術要素を扱う機会がなくなったため、そうした技術に魅力を感じていた2人の社員が退職してしまいました。その2人はシステム開発とWebデザインのツートップでした。幸い、同時期に優秀な社員が入社してくれたおかげで何とか乗り切ることはできましたが、この時ばかりは会社が潰れるのではないかと本気で思いました。

 ## 働きやすい職場づくりは採用にもメリット

働きやすい職場づくりは、採用にも大きな影響を与えています。東京は大手のIT企業が集まる街です。東京で優秀なIT技術者を採用しようとすると、そうした花形企業と戦うことになります。給与水準では到底太刀打ちできません。しかし、残業ゼロに魅力を感じる世代、結婚や出産を終えた直後で、人生について真剣に向き合い始めた20代後半から30代をターゲットにすることで、何人もの優秀なエンジニアの採用にも成功しました。

採用にあたってもう一つ大きな効果があったのは、給与表の作成です。当社では、社員の人生設計を主眼に給与表を作成しており、年齢に応じた給与基準を能力や経歴によって調整することで、給与額を決定しています。

採用の際、社長面接では必ず最初に給与の話から始めます。応募者にも、家庭環境やこれまでの生活水準など、必要な給与額というものが必ずあります。その額と当社の給与基準が合わないのであれば、他の面でどれだけ合っていても、ミスマッチになってしまいます。ですから、前提条件としてまずは給与の面で折り合いがつくかを確認しています。

給与面での取組みとしては、賞与の決定を社員に任せるという取

組みもしています。決算賞与では、利益を元に賞与原資の額は私が経営者として決定します。しかし、その原資をどのように社員の中で分配するのかは、社員全員が話し合って決めています。

この取組みは当社ではうまく行っており、社員が互いの働きを認め合い、公正感のある賞与が支給できていると思います。社員たちも工夫し、IT企業という特性を活かして賞与額の決定を行うためのソフトを作成し、ある程度はランダムに運で決まる要素を入れるなどしています。

 ## 重視するのはライフステージに合わせた仕事と生活のバランス

評価基準についても、今後幹部社員を中心に運用できるよう、制度の見直しを行っています。給与についてもそうですが、当社の働く環境についての基本的な考え方は、各人のライフステージに合わせて、仕事と生活のバランスを取ることです。

当社ではソフトを使って各人のスケジュールを共有していますが、その中には仕事のスケジュールだけでなく、家庭の行事などのスケジュールも記入してもらっています。それによって有給休暇や早退などもあらかじめスケジュールとして確認できますし、社員間での調整もスムーズに行えるようになっています。

しかし、ライフステージに合わせるということは、必ずしも休みを多くすること、残業をなくすことだけではないとも考えています。仕事に没頭して、スキルを磨きしっかりと稼ぐことが大切な時期もあるはずです。そうした社員については、バリバリと仕事に取り組み、活躍してもらいたいと考えています。

ユーワークスは現在、ミャンマーでのサテライト拠点の設立や、医療機器産業への参入などに取り組み、成長を続けています。社員数も25人を超えています。

コロナ禍で新たに取り組んだこと

テレワークとメンタルケアとしての出社の併用

　コロナ禍ではすぐにテレワークを導入しました。少なくともコロナ禍が収まるまでは全社員にテレワークを続けてもらい、在宅で勤務してもらう予定です。

　ただし、中には出社したいという社員もいます。そこで、希望者には週1日の出勤を認めています。出社は、あくまでも希望者に対するメンタルケアとしての意味合いが強く、もちろん希望しない社員は出社していません。

　また、テレワークに対応する中で海外に移住する社員も出ました。当社では元々海外に関連企業があることもあり、抵抗感なく受け入れることができました。当社がIT企業であり、テレワークへの対応が比較的容易な業種であったことも大きいですが、コロナも多様な働き方へのきっかけにはなったと思っています。

社員が幸せになるための会社づくり－
周りのすべての人を幸せにする経営目指す

株式会社オーザック

所　　　　属：広島県中小企業家同友会所属
代表取締役：岡崎　隆　　専務取締役：岡崎　瑞穂
事 業 内 容：ワイヤロープ用ロープ端末金具、産業機械用吊り具等の設計および製造販売
創　　　業：1945 年
所　在　地：広島県福山市
社　員　数：正社員 41 名、パート・アルバイト 2 名（2021 年現在）
U　R　L：https://www.auzac.jp/

自己紹介・自社紹介

 ### 「働き方改革」は「人を生かす経営」そのもの

　弊社は、終戦直後の 1945 年 10 月に父親が溶接加工業を創業しました。私は、1974 年、大学卒業直後に入社し、1989 年に 2 代目を継ぎました。

　創業当時はリヤカー製造が主力でしたが、現在は建築、橋梁・建設機械・クレーン等に装着される各種吊り具製品を主に製造しています。社員数は 43 名、社員の平均年齢は 41 歳、社員定着率は過去 3 年間で 97 ％です。売上は 2019 年度において 8 億 6,000 万円、税引後利益 6,200 万円です。

　1991 年に新社屋を建設した翌年、バブルが崩壊し世の中は大不況に陥りました。弊社もそれから 10 年間、いつ倒産してもおかしくない経営状況の中で、社員とともに前を向いて努力し、現在に至っています。

　弊社専務は、2016 年に内閣府の「働き方改革実現会議」に有識者議員として参画させていただきました。弊社としては、ただただ「社員が働きやすい会社にしよう！」「社員を幸せにしよう！」という思いで「仕事と家庭の両立支援」や「労働時間削減」に取り組んできました。それが「働き方改革」の取組みにあてはまっただけなのです。

　「働き方改革」は「人を生かす経営」そのものだと思っています。逆に言うと、「人を生かす経営」をすれば、「働き方改革」を敢えてする必要はなく、必然的にそうなっていくと確信しています。

社長の思い・理念

 ### すべての人は平等、社員とその家族を幸せにしたい

　基本理念として、"すべての人は平等"をベースに、私たちを取り巻くすべての人を幸せにしようという思いを、全社員が共有しています。経営者としては「社員は家族」との思いから、まず社員とその家族を幸せにしたい！と思っています。社員が幸せでないと、仕事を通じて周りの人を幸せにできないと思っているからです。

　そして、ダイバーシティ経営（男女を問わず、年齢を問わず、国籍を問わず、障害のあるなしを問わず多様な人材を雇用し、それぞれの良さを引き出していく経営）を目指していて、永住権のある外国人の方や障害を持っている方、他社を定年された後に再就職した方が在籍しています。

 ### 経営理念を具現化した経営指針は社員教育の教科書

　1993年から新卒採用にも取り組みました。採用はしたものの、経営者に不信感を持ったり会社の行く末を不安に思ったりして、たくさん辞めていきました。そして、経営理念や経営指針の必要性を先輩経営者から教えられ、成文化していきました。

　現在の社員教育は、教科書が経営指針です。経営指針は、経営理念を具現化するための方針、守るべきこと、オーザックの社員としての基本ラインを記していると伝えています。

　経営者も社員も、正しいことと正しくないことの判断に困ったとき、経営指針に答えがあります。経営指針は「つくって終わり」ではなく、「それを実践し続けることが大切だ」ということも痛感しています。

社員とともにつくる経営計画書

　1993 年には経営計画書も作りましたが、あるというだけで機能しませんでした。私は発表しただけで満足し、計画書は机の引出しに眠っていました。

　2004 年にある社員が「この会社の将来が見えない」と、会議で言いました。ガツンと頭をなぐられた気分でした。社員は、この会社にずっといてくれるつもりで、その質問をしたと思います。社員が不安であることにも気づかず平気でいた経営者は、怠慢でしかないと反省し、奮起して、利益目標から売上目標、経費、人員まで整合性の取れた中期経営計画をつくり、全社員に発表しました。

　経営者が中期経営計画を立てますが、それをどうやって実現するかという戦術や方針は、社員とともに考えています。社員を巻き込んで計画を立てることが目標達成の近道だということが、わかったからです。社員も、自分たちの進む道が見えてきたのだと思います。モチベーションが上がってきました。

 ## 社員の潜在能力をいかに引き出すかが経営者の役目

　2012 年から、社員の要望で完全週休 2 日制にしました。その際、私は「稼働日は 8.5％減るのだから、1 年後に生産高を今年より 8.5％アップしないと今年と同じ結果にならないよ。それ以下だったら元に戻すよ」と社員に言って、完全週休 2 日制を導入しました。社員がつくっていた計画書を見た時、私はこの計画では無理だと思ったのですが、やらせてみることにしました。案の定、1 年後に 5％しか生産高がアップしませんでしたので「元に戻す」と全員に言いました。

　数日後、製造部の部長が私のところへ来て、「社長、もう 1 年猶予をください。工夫して生産高を上げるので、待ってください」と、再計画書を差し出しました。その 1 年後、今度は見事に制度導入前より生産高を 12％アップさせました。

社員に任せる、考えさせる、失敗させる、また考えさせるという PDCA を回してきた結果、何も考えずに与えられた仕事だけをしていた社員が、常に考えながら仕事をする社員に変わっていったのです。

　努力の先に自分の幸せが描けたら、社員は潜在能力を発揮するのです。潜在能力をいかに引き出してあげるかが、経営者の役目だと思います。

取組みの見どころ

 ### 「会社を守る就業規則」から「社員のための就業規則」へ

　私が社長になって間もなく、就業規則をつくりました。しかし、会社を守る就業規則で、社員を守る就業規則ではありませんでした。有給休暇はあるのに、休むと皆勤手当がなくなるから休めない。休日は法スレスレの日数。賃金も、その場その場の成行きで決めていたので、たくさんの矛盾がありました。

　今は社員のための就業規則があり、賃金も人事考課制度を取り入れて、管理職が一人ひとりの評価をして賃金を決めていくようにしています。

 ### 「社員は家族」と考えて経営

　ある日、1人の部長が私と専務に愚痴を言いました。「あの社員が言うことを聞いてくれない。だけど叱れない。嫌われたら仕事にならない」と言うので「じゃあ、その社員が我が子だったらどうするの？」と私が尋ねると、「我が子だったら、ぶん殴ってでも教える」という答えが返ってきました。

　社員を、会社の借金を返す道具、お金を稼ぐ道具だと思っていた私は、その言葉で、社員を家族だと思わなくては、社員を本気で指

導することはできなし、社員も本気で受け止めてくれないと気づいたのでした。

そんな出来事があり、「社員もその家族も幸せにするための経営をしなくては！」と強く心に刻みました。

仕事と家庭の両立支援制度で女性が活躍する会社に

最初に取り組んだのは、育児支援です。新卒採用に取り組み始めて、55歳だった社員平均年齢が32歳になりました。若い人が入ってくれる会社になったのですが、女性社員は入社2〜3年で結婚退職していきました。当時のわが社の規定には、産前6週間、産後8週間の産休しかありませんでしたので、子育てと仕事の両立の難しさもあって辞めていったのです。みんな、会社の都合でいえば戦力になる前に辞めていきました。

経営者から見れば、女性社員は何年か働いて辞めてくれたら、また新しい女性社員を入れて働いてもらうほうが給料は安くて済むからよいという時代でした。が、「せっかく積み上げたキャリアを2〜3年で無駄にしてしまうのが、お互いにもったいない。出産や子育てを"重荷"と思わせない職場環境を整備しなければ、女性が活躍する会社にはならないよ」と、当時子育て真っ最中だった専務が言いました。

私の他に2人の男性の取締役がいましたが、当時、専務の言葉が理解できませんでした。2〜3年勉強するうちにやっと腑に落ち、産後1年間の育児休業制度を設けました。

現在、実施している制度は、次のとおりです。

①　産後1年間育児休暇制度

現在は、男女ともに100％取得しています。

②　妻の出産時特別休暇

男性社員の妻が出産したときに3日間の特別有給休暇を取得でき

ます。

③ 男性社員1週間有給育児休暇制度

育児休暇制度を導入しましたが、男性社員の取得がないのできっかけづくりのために導入しました。5日間の特別有給休暇を取得できます。

④ 子育手当

子どもが中学校を卒業するまでの間、子ども1人につき5,000円（月額）を支給します。

⑤ キッズルーム設置

子どもが体調不良の場合は会社を休むことが前提ですが、家で面倒をみる人がいないときや夏休みは、会社へ連れてきて子どもを待機させることができるようにキッズルームをつくりました。緊急時に子どもを預かることができると、社員だけでなく、その家族も安心して働くことができます。原則として、保育園、小学校へ通っている子どもを対象にしていますが、乳児の場合はベビーシッター費用を会社が負担し、面倒をみてもらいます。

⑥ 妊娠、育児中の正社員短時間勤務制度

子どもが小学校3年生になるまでの間、1日最長2時間の勤務短縮が可能です。

⑦ 妊娠・育児中の時差出勤制度

子どもが小学校3年生になるまでの間、出勤時間を変更して、8時間労働することが可能です。

⑧ 病児、病後児保育費用助成制度

子どもが体調を崩し、病院等に預けた場合に費用を全額助成します。

 ## 休暇制度の充実と生産性向上で労働時間短縮

労働時間短縮へ向けて、休暇制度の充実とともに生産性向上に取り組みました。現在は、年間休日数が122日から128日です。また、

1 お客様の要求を無視して、残業をしないのは最悪
2 お客様の要求に応えるために残業するのは普通
3 お客様の要求に応える仕事を、時間内にやるのがベスト

2019 年度の有給休暇の平均取得日数は、1 人あたり 9.8 日です。時間単位有給休暇制度も導入しています。

労働時間短縮にあたっては、全社で上記の「残業についての定義」を共有し、定時退社を徹底しています。

生産性向上への取組みとしては、次の内容を実施しています。

① 生産管理システムによる仕事の見える化

生産管理システムは、受注した製品の材料仕入れから出荷までの工程をパソコン内に入力し、全社で工程を見える化し共有しています。1 日 1 人あたりの仕事量が一目でわかるようになっているため、特定の社員に業務が集中することがなくなり、長時間労働の抑制につながりました。

② 多能工化の推進

OJT カリキュラムを上司が作成し、教えてもらう社員は、自分の持ち場の機械を動かしながら他の機械の教育訓練を受けます。現在、製造部の 16 人中 13 人が 2 台以上の機械を使えます。

③ 職場改善委員会を設け、社員からの改善案を具体化

委員会の目的は「働きやすい職場づくり」の推進です。改善活動も活発に自発的に行われています。

④ 雇用の増加によるワークシェアリング

毎年、新卒定期採用を継続し社員を増やすと同時に、機械も増やしていき、忙しい部署の仕事の振分けが可能になりました。

⑤ 24 時間稼動の機械導入

長時間労働を避けるため、当初は社内でさばききれない分を海外

で賄おうとインドネシアへの進出を考えていました。しかし、試算したところ採算がとれないことが判明したため、社員が働く8時間以外の16時間を無駄にせず働いてくれるロボットつきの機械を導入し、長時間労働削減、コスト削減を可能にしました。

 ## 働きやすい職場づくりのための各種取組み

その他に下記の取組みをしています。

① 生涯現役制度導入

積み重ねたキャリアを無駄にせず後輩を育ててもらうと同時に、いつまでも健康で働いてほしいという思いから導入しました。労働契約を1年ごとに締結し、更新の際は、本人の希望に基づいた労働条件で働いてもらうようにしています。年齢の上限はありません。

② 育孫休暇

生涯現役制度を導入したところ、孫のために有給休暇を取る社員が増えました。孫との時間を十分持ってほしいという思いから導入しました。3日間の特別有給休暇を取得できます。

③ 地域活動休暇

経営理念である地域貢献の一環として、地域の行事やPTA活動、ボランティアなどに使えるように3日間の特別有給休暇を取得できます。

④ コミュニケーション費用の助成

全社員の人間関係がうまくいっていないといい仕事もできないし、働く環境改善も進まないと思います。社内の連携強化のため、コミュニケーション費用として年間最大1人あたり5,000円を助成して、円滑な人間関係を築いてもらう一助になればと思っています。主に食事会に利用されています。

⑤ 家族会実施

2年に1回、男性社員を支えてくれる奥さんやお母さんをわが家

やレストランに招待して、女性社員とねぎらいます。これにより、ご家族も会社をバックアップしてくれています。

⑥　**キャリアコンサルタント在籍**

　メンタルヘルス対策の必要性に気づき、専務が国家資格キャリアコンサルタントを取得し、社員のカウンセリングおよびキャリア形成業務を担当しています。

⑦　**在宅ワーク制度**

　2017年、結婚を機に通勤不可能な町へ引っ越した社員からの会社を辞めたくないという申出から、会社に在宅ワークを導入しました。現在も、その社員が活用しています。

コロナ禍で新たに取り組んだこと

「社員の生活は絶対守る」と宣言し、ピンチをチャンスに

　コロナ禍で全国の経済が不況になった時、まず、私は全社員を集めました。そして、「コロナで売上は下がるかもしれないけれども、皆さんの生活は絶対守ります。生活水準は下げません。給与額も下げないし、支給額は下がるかもしれないけれど賞与も支払います」ということを一番に伝えました。また、今のピンチをチャンスと捉え、フリーアドレス化やリモートワーク、ペーパーレス化を拡げています。

　労働時間に余裕ができたことで、空き時間に何をするかを各部署で計画を立て実行しています。技術力を上げること、製造工程や製品知識の勉強、外注先の見学など、それぞれの前向きな動きを楽しみに見ている今日この頃です。

　社会情勢は目まぐるしく変化しますが、どんな苦境に立たされても、社員とともに"社員の幸せ"を追求していきたいと思います。

ノー残業と年休完全消化で
若者が来た

拓新産業株式会社

所　　　　属：福岡中小企業家同友会所属
会　　　　長：藤河　次宏
事 業 内 容：建設機材等のレンタル
創　　　　業：1976 年
所　在　地：福岡県福岡市
社　員　数：正社員 52 名、パート・アルバイト 8 名（2021 年現在）
U　R　L：http://www.takushin-s.co.jp/

自己紹介・自社紹介

 地元の建材会社を経て 30 歳で起業

　私は福岡市出身で、福岡の大学を卒業後、地元の建材商社に 8 年ほど勤め、30 歳の時に脱サラして起業しました。1976 年 9 月のことです。翌年には前職の会社の社員 3 名が加わり、1977 年 4 月に拓新産業株式会社を設立し、代表取締役社長として 2018 年まで務めた後、会長に就任しました。

　私は高校時代に登山部に入っていまして、今でも登山が趣味です。登山をするためにはどうしても休みが必要となります。自然を楽しむためには、その時そのときで 1 番良い時季がありますので、思い立ったら休めるような会社でありたいと、そんな会社づくりを目指しました。

 足場材の販売からレンタル・リースに業種転換

　設立当初は足場材の販売を行っていましたが、1985 年から足場材のレンタル・リースに業種転換しました。会社所在地は、福岡市早良区です。社員数は 60 名で、うち約 3 分の 1 は女性社員です。女性社員は毎年の新卒採用により徐々に増えてきて、それぞれ活躍しています。今やコスト削減になくてはならない存在となっているリーダー社員もいます。

　働きやすい職場環境の取組みで「第 8 回 ワーク・ライフ・バランス大賞」優秀賞、「第 6 回 日本でいちばん大切にしたい会社大賞」審査委員会特別賞を受賞しました。

職場環境を変える合言葉は「一流の中小企業を目指そう」

　1988年に同友会に入会し、学んだことの一つに「経営者は、夢・ビジョンを社員に説明し、理解してもらうことでついてきてくれる」ということです。言い換えれば、経営者は経営理念を成文化し、それを社員と一緒に共有しながら、具現化していくことがとても重要だということです。

　翌年には、経営理念を共有してもらう社員の新卒採用のために、初めて合同説明会に参加してみました。ところが、当社のブースに学生は1人も来てくれません。会場に来た大学生に、当社はまったく注目されませんでした。思ったことは、中小企業が見た目だけ良くするような小手先の改善をしたくらいでは学生に目を向けてもらえないということです。

　そこで、本気で職場環境を変えて働きやすい魅力ある企業に変えないとダメだと考え、「一流の中小企業を目指そう」を合言葉に、今までと働き方を変えることを社内に宣言しました。しかし、当時営業成績で社内1番を目指していた宮里現社長（2018年に社長就任）は、「他の会社でやっていないことを先駆けてすることで、一流の中小企業を目指すという私の方針を理解するのに時間がかかった」と言っていました。

ブース訪問がゼロから400人にまで変化

　取り組み続けた結果、30年ほど前には学生が1人も合同説明会のブースに来なかった会社が、多いときには400人の学生が来る会社に変わりました。地元テレビ局のカメラが当社に1週間ほど入り、採用活動の様子をニュースで放映されたことがあり、そのことは社員のモチベーションアップにもつながりました。

最近の採用枠は3～4名ですが、就職の応募は60～70名あります。就職情報サイトなど使わなくても、会社のホームページに説明会の日程を入れるだけでこれほど多くの学生が集まってくれるのを目の当たりにすると、働きやすい職場環境に取り組んできたことは間違っていなかったと思えます。

　当社の経営理念は「わが社の繁栄と社員の幸せとの調和を図り、地域の発展に寄与しよう」です。この経営理念の下、「ベスト・バランス」を常に心がけています。当社の考えるベスト・バランスとは、次の3つです。

　・社員にとって、「働きやすい職場環境」をつくる
　・当社にとって、「変化に耐えられる強靭な体質をもった企業」（強い会社）
　・地域にとって、利益の一部を早良地区へ、平成8年より継続的に寄付

　これからもこの3つを課題として捉え、取り組んでいきます。

取組みの見どころ

 ### 「顧客満足」より「社員満足」を優先

　会社経営において、テリトリーを福岡市内とし、商品構成を絞り、小口の顧客を増やすことによって「顧客満足」より「社員満足」を優先することを目指しました。コスト削減を徹底することによって、売上は減っても創業以来赤字になったことはありません。経常利益は30年前に比べて11倍にもなりました。これも、30年前から「働き方改革」を実践してきた結果といえます。「働き方改革」の具体的な取組みは、次の5つです。

①　年次有給休暇の完全消化

　就業規則の中で、社員の一番の関心事は「休日」数です。そこで、

完全週休２日制の実現と有給休暇の完全消化を目標にしました。

　有給休暇については、それまで社長である私もそれほど関心がなかったためか、いきなり「有給を取りなさい」と社員に言っても、かえって「本当に取れるんだろうか」と疑心暗鬼になってしまいました。そういう社員の反応を見て、私の本気度を社員にきちんと伝えなければいけないと思い、朝礼で「有給休暇を完全消化してください」と、社員全員に呼びかけました。２年目からは、総務に有給休暇の消化率が低い社員の名前を挙げてもらい、朝礼で名前を読み上げて「有給休暇を消化してください」という呼びかけを３年間続けました。さすがに３年も続けると、社内に有給休暇を取得しようとする意識が浸透してきました。

　また、上司からの有給取得の声掛けや有給休暇の申請時に取得理由を書かなくてもよくするなど、取得しやすい仕組みづくりをすることによって「有給休暇はすべて取得するのが当たり前」という社員の意識改革が進みました。

　地道な取組みを通じて、有給休暇の消化はある程度浸透してきました。もちろん、その間、営業部門からは「お客様がいなくなるんじゃないのか」とか、幹部社員からは「しわ寄せが自分たちに来るんじゃないか」とか、社内的にはいろいろな声があがりました。とはいえ、最終的には自分たちも休暇を取れるわけですから、社内でそんなに反発が続くことはありませんでした。経営者の強い思いから、有給休暇の完全消化の推進をすることができたといえます。

②　完全週休２日の確保、休日出勤なし

　工事現場の工期を優先するという建設業界の事情から、休日増については当社の営業担当などから反対の意見がありました。

　「何で売上を伸ばしてはいけないのですか」当時モーレツ営業社員だった宮里現社長が上司に食いついてきました。30年近く前、会社が完全週休２日制の実施に踏み切ったことに強く反発してきたのです。「土日に働けば確実に営業成績を伸ばせる」と自信があっ

たからです。しかし、当時社長であった私は、土曜日に出勤が必要な場合は平日に代休を取得してもらうことにして、遂に完全週休2日制を実現することができました。

そして徐々に、会社の「働き方改革」は確実に成果をあげ始めました。若い人材の当社への就職志望者が、目に見えて増えてきたのです。それらのことが「仕事とプライベートをしっかり分ける」社風へとつながったと思います。

1990年からは、交替制による土曜休日を導入しました。5年間で現在の「日曜、祝日、第2土曜全社休業（他の土曜日は交替制により営業（土曜出勤者は水曜等に休日））」を確立しました。その後2年間、取引先へ「休業増加の協力のお願い」を繰り返しながら、定着を図りました。ホームページ等にお知らせを掲載したり、顧客との打合わせの席で営業日に足場材の入出庫をしていただくように働きかけをしたりするなど、現在も継続しています。

現在、11日間の年末年始休業などもあり、各社員年間123日の所定休日を確保しています（全社休業は84日）。

③　残業なし

毎週水曜日のノー残業デーから取り組み始め、各社員が自主的に業務の簡素化や業務改善をし、効率化を図ることによって、現在は水曜日以外もほとんどの社員が定時退社しています。

残業は、基本的に認めていません。例えば、営業時間外にお客様が取引の相談に来ても「今は業務外ですので、明日来てください」と出直してもらいます。当初はお客さんから「客が来ているのにどういうことだ」と文句を言われることも多くありましたが、今では次第に理解されるようになりました。

④　育児休業の完全取得と円滑な復帰

1992年から育児休業制度を導入しています。また、子の看護休暇、勤務時間短縮・時差出勤制度、土曜出勤免除など子どものいる社員

向けの各種制度を設けているため、これらの制度を利用して円滑に職場復帰できていることが、女性社員の定着につながっています。

　3回の産休を経験した女性社員は、「就職活動をしていた時から結婚・出産をしても働ける職場環境に惹かれていた」と言っています。さらに、産休や育児休業を取ると自分の仕事を周囲の社員に任せることになりますが、「同僚が私の出産を喜んで励ましてくれるくらい職場の雰囲気が良い」とも言っています。

⑤　業務効率化3つのルール

　改革のために私が決めたルールは、3つあります。

　1つ目は、ジョブローテーションです。営業、在庫管理、設計など定期的に部署を変え、どの分野でも働ける社員を育てることで、「この人でないと仕事がこなせない」ということをなくし、休みを取りやすくしました。これにより、ある部署が忙しい時には他部署から社員を回すことができましたし、さらに足場のトラック運送など免許が必要になる業務は外注化し、自社の負担を減らすことができました。また、事務職では産休や育児休業に備え、空いた仕事を誰でも埋められるように、能力開発と人の配置をしています。

　2つ目は、習慣を変えることです。私が号令をかけ「上司が残業していると帰れない」といった考え方は捨てさせることを徹底しました。また、他の社員から仕事を任された場合には、急ぎであるか否かを毎回確認させるなど、新たな習慣も定着させました。

　3つ目は、余裕を持った社員採用です。毎年産休を取る社員が出てもしわ寄せが来ないようにするためです。これが実践できているのは、残業なしや有給休暇の完全消化などの魅力的な労働条件など、働きやすい職場環境があるからこそだと思います。

 職場環境改善の第一歩は就業規則の整備と遵守

　長い目で見れば、人材を確保できて育成ができれば、企業は生き

残ることができると考えます。

　1989年に初めて合同説明会に参加した時、ブースに学生が来なかった屈辱を味わい、どうしたら若い学生が当社を選んでくれるようになるのかを考え、まずは就業規則を改正してきちんと守るところから始めることにしました。それが、職場環境の改善の第一歩ということになります。

　初めての合同説明会に参加した後、私は就業規則の本を購入し、当時すでにあった就業規則をワープロで書き換え、社員に良く見てもらいたいと、アピールしたいところはカラーにして、わかりやすいようにと目次をつけて、労働基準監督署に提出しました。「カラーになっている就業規則は初めてだ」と言われたことを覚えています。

　「労働基準法を守る」ということを実践していくことは、シンプルに見えますが、とても大事なことだと思っています。また「労働基準法を守る」ということは、簡単そうに思えますが、実はとても難しかったり、多くの時間がかかったりします。労働基準法で、「労働時間は1日8時間以内、1週間で40時間以内」とあります。働くうえでの原則的なルールではありますが、その原則を守りつつ会社が継続発展していくことが、大事なことだと感じています。労働基準法を守るということを就業規則で具体的に示し、社員に周知し、守り抜く決意を表明したいとの思いがありました。

　・労働時間を守るということは残業させないということ
　・有給休暇を10日〜20日付与しなさいということは完全に消化させること

　この2点を愚直に実践したことが、働きやすい職場環境につながったと考えます。実践するためには、経営者の熱意と本気度を示し続けることが必要だと確信しています。そのことが学生に評価されることにつながり、人材の確保と育成に真正面から取り組むことによって、景気が低迷していても利益が確保できる強い会社になったといえます。

開かれた経営で
社員満足度アップ

野水鋼業株式会社

所　　　　属：千葉県中小企業家同友会所属
取締役会長：野水　俊夫
事 業 内 容：ステンレス鋼材販売、特殊鋼および非鉄金属各種鋼材販売
創　　　業：1956 年
所 　在 　地：千葉県鎌ケ谷市
社 　員 　数：正社員 48 名、パート（シニア社員含む）13 名（2021 年現在）
U　R　L：http://www.39nomizu.co.jp/

自己紹介・自社紹介

 サラリーマンを経て父親の会社に入り 20 年あまり実質的な経営者を務める

　私は新潟県三条市の生まれです。金物の街として知られています。祖父はその地で鉄鋼販売から加工に乗り出し、戦後、東京へも出張所を設けて父が所長となり、家族で東京暮らしとなり、2 歳の頃から電気屋の街秋葉原で育ちました。

　父は 1956 年に東京で独立し野水鋼業株式会社を設立しましたが、自宅も会社も一緒という状態でした。私の学生時代は、サークル活動と父の会社でのアルバイトをして過ごしました。卒業後、金属メーカーで総務の仕事をした後、住宅メーカーでは営業の仕事を経験し、サラリーマン生活は 3 年間でした。1973 年に、26 歳で野水鋼業に就職しました。「就職」といってもそこは、父、母、義兄、営業 1 名だけの会社でしたので、実際は「サラリーマンから家業の一員に戻った」というほうが的を射ています。

　社長に就任したのは 1995 年ですが、父は帳簿付けだけをやっていたので、社長になる 20 年ほど前から「『野水さん』と呼ばれながらも」経営者として会社の運営をしてきました。現在は、息子が 3 代目の社長となり、私は会長職に退いています。

 「必要なものを必要なときに必要なだけ届ける」が営業の理念

　当社の業務内容は、必要なものを必要なときに必要なだけお届けすることを営業の理念として、ステンレス棒鋼を仕入れて必要な寸法に切断してお客様の工場に納入することです。北は北海道から静岡、長野までの東日本と、その近接地域を主な市場として事業を展開しています。当社の在庫は、形状、材質、寸法により約 2,000 点に及び、当業界では東日本一の品揃えです。単にオーダーされたものを納品するだけでなく、ステンレス棒鋼のエキスパートとして材

質の選定から加工まで幅広い要望に応えています。

　社員数は 61 名（男性 38 名、女性 23 名）、事業所は、本社（千葉県鎌ケ谷市）、白井センター（千葉県白井市）、福島センター（福島県西白河郡矢吹町）の 3 か所です。

社長の思い・理念

 ### 社員の一言から経営者の責任を自覚

　入社した当時、父である先代の社長は、「身内中心の家業としての経営が一番良い」と言っていました。社員との面倒なやり取りの必要もなく、お金を借りなくてもやっていけるので、規模を大きくすることに反対していました。私が、賞与の支給日や社員旅行の時期などをあらかじめ決めようとすると、社長は「勝手に決めるな、お金ができたときに私が払うのだから」と、計画的に物事を進めることに常に反対していました。また、社員が退職すると、「あまり長くいると給与が上がっていくので新しく雇ったほうが得だ」などと言っていました。そのような意見に反発する気持ちで仕事をしていました。

　身内以外の社員が 1 人 2 人と増え、3 〜 4 名になったころ、社長と私の方針がどうしても合わず、飛び出そうと決めたことがあります。社員に集まってもらい、私が「退職することにした」と話したところ、社員から「私たちはこれからどうなるのですか」と問われ、自分で採用して育ててきた社員に対して「自分が社員の生活を守っていかなければならないんだ」と改めて自覚しました。会社らしい会社にしたい、社員みんなと喜びを分かち合いたい、そのためにみんなの会社として、地味ですが一歩ずつ確実に進んでいくことを決意しました。

社員を育て計画的に会社運営をする重要性を共感

　1994年に同友会に入会した後、1996年から経営指針書を作成するようになりました。社員を育て大事にする姿勢、計画的に会社を運営することの重要性に触れ、自分が今まで漫然と考えていた会社の在り方と一致していることに気がつくとともに、同友会と関わっていることが会社経営をするうえで大いに励みになりました。

　その後、事業規模は少しずつ拡大を遂げ、2000年に売上高は10億円を超え、新規採用をしながら社員数は25名になりました。新規採用をする理由は、「我々の社会的責任の一つとして、野水鋼業に合う人を育てる前の段階として、社会人として通用する人を育てていこう」というものです。残念ながら辞めていくこともありましたが、それでも野水鋼業にいた2～3年間がその人にとってプラスの経験になれば、社会貢献の一部になるのではと考えました。

　2008年のリーマンショックによる打撃で、2009年の経常利益が半期でマイナス1億円という大きな試練を経験したときも「社員の首は切らない」という方針を打ち出し、雇用調整助成金を活用し、仕事のない期間を教育訓練期間にあて、社員の雇用を守りました。

 ## 「開かれた経営」など大切にしている3つのこと

　1つ目は、経営理念にある「開かれた経営で、全員参加の学習型企業を目指す」ことです。毎年7月と12月に経営方針発表会を開催し、方針やビジョンなどの情報を全社員に開示し、情報を共有することで業務改善や社員の意識向上につなげるために、一人ひとりのアイディアやマンパワーを結集できるよう日々努力することを目指しています。

　2つ目は「日本の先進的製造業を素材供給の面で応援し続けます」を会社の使命としているところです。また、経営理念の一つに「仕事の進め方は顧客第一主義に徹します」を掲げ、お客さまのニーズ

に応じたサービスを提供することを大切にしています。具体的には、お客さまの工場から「材料置き場をなくしたい」という思いです。そのために、即納体制にこだわり最適なサービスを提案することを心がけています。

　3つ目は、環境への配慮と社会貢献です。弊社は、ISO14001を取得することによって、切断後の残材を処分する基準を設けたりするなど、環境マネジメントにも力を注いでいます。社会貢献は、きちんと税金を納める他に、安定した雇用の堅持と積極的な採用活動を実施しています。

取組みの見どころ

 「顧客第一主義」を実現するためには社員が会社に満足していることが必要

　会社の維持発展のためには、顧客満足度の向上が不可欠といえます。経営理念にある「顧客第一主義」を実現するためには、社員が生き生きと働ける会社であること、社員が会社に満足していることが必要と考え、社内で福利厚生委員会という社員の声を聴く場を設けました。ところが、その委員会に社員の声が吸い上げられているとは言えない状況が続きました。

　そこで、2010年に社員の本音を調べるために「社員満足度調査」を導入しました。その設問内容は、現在の職務、職場環境、人材育成、目標と評価、労働条件、会社との関係の6項目です。さらに、無記名式で自由記述欄があります。

　調査の結果、若手社員に不満が多いこと、「働きがい」を感じることが少ないこと、会社が部門の仕事や状況を把握できていないと思われていることなどが、浮かび上がりました。それらの原因として「最近社員と話をする機会がない」ということもあり、5～6年ぶりに全社員と個人面談をすることになりました。それは、全社員とのコミュニケーションづくりの再開でもありました。

 ## 社員満足度調査をきっかけに社内コミュニケーションが発展

　社員満足度調査を導入したことを契機とし、会社も社員も労使間のコミュニケーションの取り方に発展が見られました。特に、リーダー層の意識が変化しました。

　それまで、社員が会社に対して何を期待し、どんな課題を抱えているのかを知る機会はなかったため、社員は自分の要望を発言するものの、会社全体を考えて発言することはありませんでした。調査をきっかけに、福利厚生委員長へ自主的に立候補するようになるなど、会社の将来を担うリーダーたちのたくましさが見えてきました。この調査は、今では「社員意識調査」と名を変えて続けています。

 ## カギは社員参加の各種委員会

　福利厚生委員会は、毎月1回、1時間程度開催され、労使のコミュニケーションの中心に位置づけられていました。会社側が、就業規則の改定を含む人事制度の変更点や36協定の更新手続について各委員に説明をしたり、一緒に福利厚生や労働基準法などを学んだりするほか、社員から出された意見についても議論します。

　具体的な例では、その年の賞与の説明や、社内規程と給与規程の

改定における変更点と概要の説明をしていました。社員から出される意見は、福利厚生委員が委員会開催の1週間ほど前に社員間にメモを回し、会社に対する提案（職場の声）を社員たちに書いてもらっています。内容は労働環境や諸手当に関する社員にとって身近なものが多く、会社はすべてに回答していますが、すべてを叶えるものではありません。

　しかし、最近は従業員代表を選ぶ場となって、活動は止まっています。理由としては、拠点が3か所に分かれて委員会が開きにくくなったことと、経営幹部と社員との面談を定例化したこととで、コミュニケーションが以前より取れるようになったこともあります。

　福利厚生委員会の他には、広報委員会、5S委員会、ワット会（社員親睦会）など、社員の交流する場をつくりながら職場のルールづくりや働く環境の改善を進めてきましたが、社員に「働きがい」を強く感じてもらうには、まだまだ社員と経営者のコミュニケーションは十分とはいえません。今後の課題として、また「ゴールのない取組み」と位置づけて進めていきたいと思っています。

 就業規則は社員と話し合い、現在30規程あまり

　就業規則は、同友会の仲間の社会保険労務士と徹底的に議論を重

ねて作成しました。その後も、福利厚生委員会で福利厚生を中心に内容の改定が話し合われたりしています。リーマンショック当時、「ボーナスは出るのですか？」と不安な声で聞かれましたが、「給与規程では業績がどんなに悪くても1か月の賞与は出ることになっていますよ」と答えることができました。

　また、有給休暇の買取制度から積立保存制度への変更も、社員たちと話し合いを続けて実現することができました。

　有給休暇の買取制度は、時効消滅する有給休暇を1日6,000円で買い取る制度でしたが、社員との話し合いで「もっと有給休暇を取りやすい環境をつくろう」と廃止を決めました。ところが、配送業務などで有給休暇を取りにくい職種があったり、有給休暇を取らないという社員もいたりして、ある日、「有給休暇の買取制度を復活させてほしい」と、ほとんどの社員の連判状が私の机の上に置いてありました。みんなで話し合って廃止を決めたはずなのに、「会社は単にお金を出したくないのだろう」という憶測が、社員の間に残っていたのです。

　その後、粘り強く話し合いを続けて、代わりに時効消滅する有給休暇を長期病気休業に備えるなどの積立保存制度に変更することができました。今は、また有給休暇の取得が進んで一般的な制度に戻っており、年次有給休暇の消化率は70％を超えています。

　男性社員の育児休業も、最初はなかなか取得者が現れず、3人目の対象者からやっと取ってくれるようになりました。

　当社の就業規則は、一般社員用、準社員用、シニア社員用の3つがあります。その他の規程としては、給与規程、昇給昇進評価規程、職位・職群規程、キャリア再開再雇用制度規程、永年勤続表彰規程、通信教育取扱規程、慶弔金規程、国内外出張旅費規程、交通事故対策規程など、合計で30あまりが設けられています。

コロナ禍で新たに取り組んだこと

仕事を止めない

　ものづくりの現場では、加工素材がないと仕事に取り掛かれません。当社の使命は「素材供給の面でお客様を応援し続けます」ですから、新型コロナウイルス感染症の影響を最小限に食い止めることを、まず検討しました。

　お客様への素材供給を止めないために、在庫が置いてあり、必要な長さに切断して出荷する白井センターの業務継続を第一に考えました。ここの倉庫で行う作業では、作業者間の距離は開いており三密は避けられました。次の問題は、営業部です。感染者が出ても見積、受注が継続できるのかを考え、万一に備えて空いていた白井センターの2階に、机と6人分のパソコン、新たに購入したFAX＆コピーの複合機を設置しました。営業部で感染者が出たら、即座に白井センターで受注ができる体制を構築したのです。当然、そのときに備えて社員との話し合いも続けました。

　その後、売上減少の中で、三交代で休暇を取る勤務体制をとり、雇用調整助成金の受給を進めることで切り抜けていくこととしました。

手続きは専門家に任せる

　リーマンショック時と異なり、先が見えにくい中での対応のため、雇用調整助成金の事務的な手続きは同友会の仲間である社会保険労務士にお願いすることにしました。管理部門は、就業規則を読み直し、社員の協力を求めて、できる範囲でのステイホームに取り組みました。

教育研修の面で課題も

　10年前とは違って三密を避けなくてはならないために、集合

での教育研修ができず、この面での取組みが遅れてしまいました。
　リーマンショックの時は、休業日に研修をすることで手当に上乗せされる制度があったため、全社員集まっての研修を行い、プラスになったことがありました。今回は、制度上そうした仕組みはなく、かつ集合研修もできないということもあり、ほとんど取り組めていません。もう少し、オンラインでの研修もできたのではないかとの反省と、今後の課題となっています。

経営理念が会社を変えた——
業界 NO.1 シェア達成

株式会社ヒロハマ

所　　　　属：千葉県中小企業家同友会所属
代表取締役会長：広浜　泰久
事 業 内 容：業務用缶のキャップ等部品製造
創　　　　業：1947 年
所 在 地：東京都墨田区
社 員 数：正社員 97 名、嘱託・パート・アルバイト 37 名（2021 年現在）
U　R　L：https://www.cap-hirohama.com/

自己紹介・自社紹介

 ### 製缶会社での修行を経て入社し、2代目社長への道を歩む

私は大学を卒業して3年間は修行のため製缶会社で働いた後、1977年1月に今の会社に入社し、経理課長、総務部長、工場長、専務取締役を経て、1991年2代目社長に就任し、さらに2008年会長に就任しました。

 ### 一斗缶のキャップ等を自社開発 大切にしているメーカーとしての自負

当社は、先代の社長が1947年広浜製作所として創業し、1951年に廣濱金属工業株式会社を設立しました。1998年関連会社と合併し、現在の株式会社ヒロハマの社名となりました。

社員数は134名で、東京の本社の他に千葉と大阪に工場があります。

事業内容は、一斗缶についているキャップ・口金・手環などを専門に扱う仕事です。一般的に、缶メーカーの図面どおりに部品をつくる下請的な仕事に思われがちですが、ほとんどの製品が自社で開発したもので、メーカーだという自負を持っています。これは、価格に一切文句をつけずに下請仕事をしながら、「将来は必ずメーカーになる」と想い続けた先代のおかげです。

現在、一斗缶の製造量は年間で1億4,000万缶と、ピーク時の60%になっている成熟産業ですが、当社は他社のシェアを取るという形で伸ばしてきています。創業から50年間は業界シェアNo.2でしたが、同友会に入り、経営指針を作った5年後にNo.1になりました。

社長の思い・理念

 労使対立が激しい会社から「同じ方向を向いている会社」を目指す

　入社して驚いたことがありました。それは、当社の労働組合の強さです。組合の要求が強くストライキもしょっちゅうありましたし、会社に早く来て機械の手入れをしている組合員がいると、別の組合員に「おまえは会社の犬か？」といわれる風土でした。会社は会社で、組合に対して業績等の数字的な根拠などを示さず、とにかく給与を低く抑えることを考えていました。

　そのうち、正式な手続きを踏まないストライキが発生しました。違法ストライキですから、問答無用で中心人物の社員を解雇できるところを、そうとは知らずに解雇しませんでした。半年後、その社員がまた別の問題を起こし、解雇を言い渡したところ、逆に不当解雇だといわれました。総評をバックとする組織に駆け込まれ、7年間にわたり、会社にはその社員を応援する組合の赤旗が20本立っていました。

　そんな経験を通して「ちゃんとした会社にしたいね」ということを幹部と話し合いました。「ちゃんとした会社」とは、社員が同じ方向を向いている会社です。それを目指して一つひとつやっていきました。

　まず、手始めに就業規則を整備し直し、「行動の原則」もつくりました。最初の「行動の原則」は「床に唾を吐き散らさない」というレベルのものです。

　次に、全社員を集めて業績説明をするようにしました。今、会社が置かれている状況や努力すべきことも丁寧に伝えました。そうした内容が記載された社内報を給与袋の中に入れるようにして、よりわかりやすく伝えるようにしました。社内報の作成は私の役割としており、欠かさずつくっています。

「会社は1人でも他人が入ったら公の存在」と経営者の責任を自覚

　同友会には1990年に入会し、そこで外食産業のサイゼリアの創業者である正垣さんから「会社というのは、1人でも他人社員が入ってきたら公の存在だよ」ということを教わりました。それを聴いて、自分がまだ小さい頃、会社の営業社員の方に営業時間中でも当たり前のように会社の車で送ってもらっていたことを思い出しました。

　また、当時当社では業績にかかわらず配当10％を支払っていました。私も、何も考えずもらっていました。ところが配当に回した分、会社の自己資本比率は低くなります。当時8人の役員のうち7人が身内でした。この状況はおかしいと思い改革しました。

　入社して翌年の違法ストライキの原因は、業績が振るわず有期雇用のパートの雇止めを行ったことでした。有期雇用とはいえ、5年、10年と当社で働いてくれたパートさんたちです。雇止めを言い渡す場に立ち会った際、その5～6名のパートさん全員が泣いていました。同友会に入ってから「社員一人ひとりの生涯設計を会社が妨害することは絶対にあってはならない」ことだと改めて痛感しました。

　また、20年以上勤めていた社員のことです。缶キャップの原料となる細長い板をプレス機に供給する役目の社員です。板を供給・排出するタイミングは、手作業ではその微妙な加減が難しく、ワンストロークも空けずにそれができたその社員は、神様と呼ばれる技術の持ち主とでした。ところが、会社の方針である効率化の一環としてその作業が機械で自動化されたため、その社員の仕事がなくなってしまったのです。会社は、その社員に新たなにやりがいのある仕事を与えることができませんでした。

　やりがいをなくした社員はその後、消費者金融に手を出し、会社にまで業者が取立てに来るようになり、最終的には行方不明になってしまいました。新たな技術を身につける意欲がなかった社員ですが、当時会社としての育成の仕組みがなかったことも問題です。「会

社が社員を使い捨てにしてしまったのでは……」と強く感じました。

取組みの見どころ

 業界No.2らしくない崇高な経営理念が会社を180度変えた

当社の経営理念にある「缶の社会貢献を全面的に支援する」は、本来、50年間業界No.2だった会社が書くような内容ではないのですが、この理念によって事業領域が明確になり、当社は180度変わりました。

自社製品を毎日のように扱っている顧客の工場の現場で働く人たちが、当社のキャップについては何を期待しているか。それはただ一つ、「とにかく調子良くライン上で流れてほしい」ということです。ライン上で一つの工程が止まってしまうと全工程が止まることになり、大変な事態になるからです。これまで当社は、ラインがストップしてしまったという話をお客さまから寄せられても製品を調べた後に「私たちの製品に問題は一切ありません」という対応をしていました。それではお客さまは全然満足しません。その結果「最近注文が来なくなった」ということがありました。

今ではクレームがあれば「待ってました」とばかりにすぐに駆けつけます。うまくキャッピングするように調整をして直すと「やっぱりヒロハマさんでなきゃ」といわれるようになりました。逆に、現場のお客様のニーズも見えてきます。キャップがうまく流れないからプラスチックに潤滑剤を少し混ぜてプロテクターを作ることを提案して「次からはそれで」といわれると、そこからの発注が10年、20年と続いていくのがとても嬉しいです。

20項目の「行動の原則」で物心両面の自己実現目指す

　「ちゃんとした会社」を目指した時から、ヒロハマにおける「行動の原則」を作り始め、社内報を利用しながら少しずつ増やしてきました。現在は、「1.　出社・退社の仕方」「2.　欠勤・休暇のとり方」「3.　挨拶・敬語・敬称・言葉使い」など1から20まであり、とてもわかりやすい表現にしています。粘り強く取り組んだ結果、昼礼の開始時のざわつきがなくなったり、会議開始時間に遅れなくなったりするなど基本的な姿勢が身につき、社員は人間的にも成長しています。

　社員は大変長い時間を職場で過ごしますし、人生の中でも会社で働くということは、相当重要な位置づけになっています。だからこそ、いつも気持ち良く、やりがいを持てる職場環境は個人の生活の基盤ともなります。そのために会社と社員全員が向かうべきところは、＜ヒロハマにおける「行動の原則」＞の中の「物心両面の自己実現」にある次の6つの内容となります。

① 　高能率・高賃金を目指す
② 　経営の安定のため、分配率をコントロールする
③ 　賞与は業績により増減する
④ 　仕事・教育・考課・報酬を連動させ、努力すべき方向を明確にする
⑤ 　お互いの「進歩向上」「やりがい・働きがいの創出」のため、「問い掛け合い」や「関わり合い」を大切にする
⑥ 　時短・職場環境の整備は段階的に、しかし確実に進めていく

 ## 数値的な共通目標は「人時生産性」

人時生産性×年間総労働時間×労働分配率＝1人あたりの給料（人件費）

という数式を社員に示して、生産性を上げることを労使の共通目標

としました。完全週休2日制に移行する際には、人時生産性が上がった分で休日を増やすことができました。

　人時生産性というのは、1人が1時間あたりで生み出す付加価値（売上高－変動費（材料費＋外注費＋仕入費＋運賃＋電力費＋荷造包装費））のことです。中小企業は5,000円が当面の目標であるといわれています。

　次に年間総労働時間ですが、これは残業時間も含めて1年間働いた時間の合計です。中小企業では2,000時間くらいといわれています。先進国では1,800時間を切っている国が多いです。

　続いて、労働分配率です。生み出した付加価値のうち、どの程度が給与などの人件費に回っているかを表します。業種によりますが一般的には50％くらいが望ましいとされ、高くなるほど不安要素と考えられます。

　仮に計算をしてみましょう。人時生産性が5,000円、年総労働時間が2,000時間、労働分配率が50％としますと、1人あたりの給料は年間500万円になります。「働き方改革」で労働時間を200時間削減したとして、他は同じ条件で計算しますと、450万円となり、給料は減少してしまいます。そこで人時生産性が6,000円、労働分配率が48％に向上したとして計算しますと、給与は518万4,000円となり、労働時間は200時間減りましが、給料を増やすことができます。前述した「行動の原則」「物心両面の自己実現」の①「高能率・高賃金を目指す」も②「経営の安定のため、分配率のコントロールする」も、その出発点に生産性向上があります。

　より高い人時生産性を達成していくためには、まず仕事・作業の仕方を「知っていること」、そしてそのとおりに「できること」「やっていること」が必要不可欠となります。

 ## 安心感と努力の方向性が見える就業規則と人事制度

　私の入社当時にすでに就業規則はありましたが、いい加減なもの

でした。また、労働組合がありながら労働協約も結んでいませんでした。昇給や賞与の度に団体交渉をするのですが、会社は組合に業績を公開していませんので、結局、力関係で決まる状況でした。

そこで、事前の事務折衝を重視し、賃金のことだけでなく、必要なときには労使で協議会を開いて話し合うようになりました。業績の公開も行うようになり、協議の時にきっちり説明ができるようになりました。

賃金については、今から考えるとひどいもので、「男性がいくら、女性がいくら」という昇給の仕方。賃金体系らしきものは一切ありませんでした。企業風土を変えていく中で、賃金についても全面的に仕組みをつくり変えていかなければと思いました。

賃金制度については、組合とも相談し、次の3つを目的としました。

　　ア　　将来の姿が見える
　　イ　　最低限の生活は保障できる
　　ウ　　一人ひとりの努力すべき方向が見える

ここで中心となったのは「職能資格制度」です。すべての業務を洗い出して職能資格要件表に載せ、1級から6級までの等級に整理しました。それぞれの級には、A〜Eのランク付けがあります。ランクアップは、人事考課の点数によって行われます。

人事考課の項目は、職能資格要件表と連動しており、級ごとに定めてある仕事がきっちりできていれば、点数は高くなります。同時に仕事だけでなく、必要な知識や人を教える能力なども掲げています。知識を身につけることについても、必要に応じて通信教育などを受けてもらうなどの取組みをしています。

職能資格要件表は、仕事そのものであり、これが賃金体系に直結しています。さらに人事考課が加わって、教育にまでつながります。仕事・給料・評価・教育がすべて連動する仕組みづくりに取り組んだ結果ともいえます。

就業規則の改定については、労働組合に内容を説明・協議しながら意見書をもらいます。また、女性の管理課長が就業規則の見直し担当者となって、個人面接等で把握した社員からの要望を採り入れたり、法律の改正に合わせて適宜改定の提案したりする役目を担っています。社員からの要望では「職務発明規程」などが新規につくられました。

コロナ禍で新たに取り組んだこと

多能工化で受注減＆休業に対応

　新型コロナウイルス感染症の影響で受注量が減り、1か月で社員1人あたり3日間の休業をすることになり、残業もしないことに決めました。しかしすべてのラインを稼働しないと業務が成り立たなくなります。

　どうしても人手が必要となりますので、休業している社員がいなくても支障が出ないように機械の担当を1人1台から1人で2台、3台へと増やす取組みをしてチャレンジする環境づくりが新たにできました。

社員が主体になって取り組む
働く環境づくり

株式会社吉村

所　　　　属：一社）東京中小企業家同友会所属
代表取締役：橋本　久美子
事 業 内 容：食品包装資材の企画、製造、販売
創　　　　業：1932 年
所　在　地：東京都品川区
社　員　数：正社員 222 名、パート・アルバイト 3 名（2021 年現在）
U 　R　 L：https://www.yoshimura-pack.co.jp/

10年ぶりに会社復帰し、父親の後を継ぎ社長に就任

　株式会社吉村は、日本茶のパッケージを企画製造する会社です。この会社は私の父が社長を務めており、私自身も吉村で働いていましたが、結婚を機に退社し、約10年間専業主婦として過ごしました。その後会社に復帰し、2005年に3代目として株式会社吉村の社長に就任しました。

消費者の意見を聞き、少量多品種にも対応

　私が社長に就任した当時はペットボトルとコーヒーの人気に押され、日本茶の家庭内消費が激減、パッケージの売上も減少傾向でした。

　そんな中で、社長に就任する前は、主婦から会社に復帰した後、自ら企画開発者としてパッケージを考案したり、消費者の意見を聞くための座談会を開催したりするなど、日本茶の地位向上にも努め、売上の減少に対抗していました。社長に就任した後は、他社に先駆けて少量多品種の印刷に対応できるデジタル印刷機を導入。新工場も建設しています。

社長の思い・理念

女性にも働きやすい職場と理念に基づく経営

　「パートでレジ打ちでもしようか」。出産退職した元女性社員からの一言がきっかけでした。

　当時は時代背景もあり、株式会社吉村では、女性社員は妊娠・出産を機に退職するのが当たり前、という社風でした。この元女性社員も企画部に抜擢され、成果を出していたのに、出産退職という選

択をしました。

　この状況をどうにかしたいと思い、彼女と退職後に顔を合わせた際に「一段落したらパートでレジ打ちでもしようか」と話しているのを聞いて、それならばと口説き落とし、職場復帰をしてもらいました。

　私自身、結婚を機に退社し、専業主婦をしていた経験があります。女性にも働きやすい職場にしたい、職場復帰を受け入れられる体制を整えたい、そのためには、復帰してくれた彼女が求めているものを整えていけばよいと考えました。

　また、新工場を建てた直後に、3.11で静岡茶にセシウムが検出された影響で売上が激減しました。社内にも暗雲が立ち込めましたが、この危機を救ったのは理念経営でした。危機的状況の中では社員からの不満も出ましたが、理念を元に仕事に取り組むことで社員の意識も変わっていき、業績の向上にもつながっていきました。多品種小ロットのパッケージもヒット商品となり、売上の向上にも大きく貢献しました。

取組みの見どころ

 出産退職をなくしたボトムアップ式の会社づくり

　育児休暇や時短勤務制度などは、女性社員の復帰をきっかけに整えていきました。これによって出産退職も減り、子育てしながら働く女性社員も徐々に増えていきました。しかし、私が1人で制度を整えていたため、社内では「社長はワーキングママばかり優遇している」という空気が出かねない状況になっていました。

　そこで社内から有志を募り、「オレンジプロジェクト」を立ち上げ、ボトムアップ式で子育てしながら働きやすい会社づくりに取り組み始めました。この「オレンジプロジェクト」を通して、小学校3年生までの時短勤務や、法定以上のつわり休暇制度、配偶者の転勤や介護などの理由で退職した社員が復職できる「MO（戻っておいで）制度」などが導入されていきました。

　その結果、現在子育て中の社員は17名、出産退職ゼロも15年以上となりました。

 「誰が言ったか」から「何を言ったか」に変えた「5分会議」®

　こうしたプロジェクトの推進も含め、大きな革命を起こしたのは「5分会議」®の導入でした。

　私は、すべてを決めていた先代のトップダウン方式から、社員みんなの意見を聞く経営へのシフトを目指し、様々な会議を立ち上げました。しかし、会議のやり方はリーダーによってバラバラ、議論ばかりで何も決まらない会議や、リーダーによってすべてが決まる会議など、なかなかうまくいきませんでした。

　その状況を変えようと外部の様々な研修に参加して、会議のあり方について試行錯誤する中で出会ったのが、「5分会議」®を提唱していた株式会社CHEERFUL代表取締役の、沖本るり子さんでし

た。会議を5～6人以下で行い、発言は1人1回20秒以内。5分を一区切りに次々と発言を回していきます。これによって、会議の重点が「誰が言ったか」から「何を言ったか」に大きくシフトしました。

　20秒という短い発言は、誰もが自分の思っていることをいえる社風を作り出します。会議からは次々とアイディアが生まれ、新たな取組みや生産性の向上にも大きな成果をあげました。

安心して働けるための「感謝」と「承認」の取組み

　もう一つ当社で心がけていることは、「心理的安全性が高く、社員が責任をまっとうできる組織」づくりです。社員が安心して働くこと、創造性や協調性を発揮し、自らの責任をまっとうできる組織にするためには、自身の意見を言っても受け入れられ、部署間・人間間でのつながりを意識できる心理的安全性が必要といえます。

　そのために当社では、1年に3回一緒に働いている2人1組でポストイットに感謝の言葉を書いて伝え合う「承認のワーク」、半年に1度自分以外の社員に「行動、影響、気持ち」を書いた1票を投じる「イチオシ投票」、週報にあがってきた感謝のメッセージを抜書きして貼り出す「お助けありがとう」、といった活動を通して、社員同士で感謝の気持ちを伝え合い、互いを承認する取組みを行っています。

　また、定年を迎えた社員には、定年後再雇用者向けの子会社「正雄舎」に移籍してもらい、派遣社員として元の部署で働いてもらっています。正雄舎では、毎年の雇用条件の見直しはありますが定年はなく、自身の体調やライフスタイルに合わせて長く働くことができます。古手社員のコミュニティとしての役割も果たしており、高齢期のライフワークバランス実現に効果をあげています。

社員の多能工化のために「ドリームジャンボ休暇」

　他にも、面白い取組みがあります。毎年1回経営発表会の際に抽選が行われる「ドリームジャンボ休暇」です。これは、くじ引きによって1等が当たれば、特別有給休暇連続10日と賞金20万円がもらえる制度です。さらに、2等では特別有給休暇5日と賞金10万円、3等は特別有給休暇3日と賞金5万円がもらえます。

　この制度は、社員の多能工化の実現と、その人しかできない仕事をなくす目的でつくりました。休暇を取るためには、自身の業務を整理し、誰かに引継ぎを行う必要が出てきます。これによって業務の見える化が促進され、互いの配慮も生まれてきます。

　休暇についても、消費としての休暇ではなく、投資としての休暇を取ってもらうため、休暇中の出来事は社内報に記事を作成して掲載してもらっています。

 ## 社員の積極性を推奨する「ノーベル稟議書」と「プロジェクトYES」

　株式会社吉村では、就業規則の変更についても独自の制度があります。

　1つは「ノーベル稟議書」です。これは、広く社内の様々な改善に対してアイディアを募り、所定の様式に沿って提案することで、提案1件につき500円の報奨金が社員に支払われる制度です。多くの社員から年間100件近くの改善提案が出され、そのうちの半数近くが実際に採用されています。就業規則の変更についても、この「ノーベル稟議書」で寄せられた提案が元になっているものが多くあります。

　もう1つの取組みは、社員が立候補してメンバーが決まる「プロジェクトYES（吉村の社員満足度）」です。労務についての様々な提案が寄せられ、このプロジェクトで検討されています。YESでの検討後は顧問社会保険労務士に相談し、調整を行い、経営ミニ会

議のうえ決定する、というプロセスが取られています。経営ミニ会議でも意見が分かれる場合は壁新聞に掲載され、広く社員からの意見を募って、再度検討されることになります。こうして決定された就業規則の変更は、毎年作成される「経営指針書」にも掲載され、周知が図られています。

　このように、当社では働く環境づくりも社員が主体となって行っています。

 ## やる気を引き出そうとした改革が裏目に出たことも

　しかし、こうした状況になるまでには、様々な困難もありました。
　私が社長に就任する前には、就業規則の作成は当時の総務部長が担当していました。当時の就業規則に関する考え方は、解釈の幅が取れることが良いこと、何かあれば会社として柔軟に対応できるように、というものでした。しかし、この方針が社員の会社に対する不信感につながり、やる気を削いでいると感じていました。

　特に給与については、コンサルタント会社が入って給与表を作成していましたが、大企業準拠の給与表は階級や職種ごとに膨大なテーブルになっていました。そのため、当時社員数150人程度であった当社にとっては、基準としてはかえって曖昧になり、事実上社長が鉛筆をなめて決めていたといえます。基本的には年功序列で、その時々の採用難易度によって、給与が高い人、低い人も出ていました。

　この給与制度を変革してよりシンプルな給与テーブルとし、評価を行い、社員各人の等級を見直しました。それに伴い、数年をかけて等級に見合わない社員については努力を促しつつも、徐々に給与を下げるなど、ドラスティックな改革を行いました。これにより、公正な給与にはなりました。

　しかし、結果的に給与が下がった社員の中には大きな不満も発生しました。この不満が大きく現れたのは、数年後に行った社員満足度調査です。当時コンサルタントを入れて社内環境の改善に取り組

んでいましたので、その一環として社員満足度調査を行いました。社員からの話も聞いて社内の様々な改革に取り組んでいたことから、十分な満足度が出てくるだろうと期待していましたが、結果はひどいものでした。給与を下げた社員からの恨み、プロジェクトに入って社内改革に取り組んでも上の人間から睨まれている現状、給与を上げろ、有給を全部使わせろ、社員からの生々しい不満に打ちのめされました。

満足度調査結果のひどさに奮起し不満解消へ各種プロジェクト始動

しかし、このアンケートの中にあった「どうせ都合の悪いことはなかったことにするんだろう」という言葉に奮起しました。これをなかったことにしてはいけないと、不満を解消できる取組みを行う必要を強く感じ、社内で様々なプロジェクトを立ち上げました。

各営業所で社員満足度調査の結果を包み隠さず報告し、改善のためのワークやプロジェクトを立ち上げました。社員満足度を向上させるための YES（吉村の社員満足度向上）プロジェクトも、その一環です。さらには、給与制度に関するプロジェクトや、ワークライフバランスに関するプロジェクトも立ち上げました。

そのうちの1つ、「オレンジプロジェクト」の名前は、私がある研修で聞いた1つの問いかけが由来となっています。それは、参加者が「オレンジが1つあります。このオレンジをAさんとBさんが分け合うにはどうすればよいでしょうか？」という質問の答えを話し合うという内容でした。様々な答えがある中、ある人は半分に切るといい、ある人は揉め事の種になるからなかったことにするといい、ある人はこのオレンジでケーキを作るといいます。その中で一番心を打たれた回答は、オレンジの種を植えて、将来その木に生ったオレンジを収穫して分け合うというものでした。

会社と社員がオレンジを分け合うための、将来に向けての仕組みづくりとして、このプロジェクトは立ち上がりました。

仕組みは「守る」ものから「自分たちが変えていける」ものに

　こうしたプロジェクトを社員に任せるにあたっては、失敗も多くあります。就業規則の変更でも、実際に運用してみると問題が発生し、修正することもあります。本来「自分しかできない仕事をなくす」ことを目的としたドリームジャンボ休暇も、初年度は入社1年以内の社員が多く当選してしまい、趣旨に合わない結果になってしまいました。その後は入社1年未満の社員は対象から外しましたが、こうした失敗を積み重ねながら進めています。

　一度立ち上がった仕組みでも、必要性がなくなれば、やめることも必要です。そのための起案の仕組みも整備しました。たとえ失敗をしたとしても、社員が自分たちで様々なことを深く考え、理解しながら物事を進めていくことには、大きな意味があると思います。ルールが「守るもの」から「自分たちで変えていけるもの」に変わっていくことで、社員の中にも責任感が芽生えるなど成長につながっています。例えば、就業規則の変更が決定された後に数名の社員から反対の意見が出されたことがありました。しかし、このことも、決まってから反対意見を出すのではなく、変更のプロセスの中で反対意見と対案を起案することの大切さを学ぶ機会になりました。

 「投資」と「経費」を分けて考える

　プロジェクトも、最初は不満が出てくるばかりの場でしたが、それを改善するために経営数字からのシミュレーションを行うと、単に不満を解消するためだけの取組みではなく、会社の発展と改善をセットにした、より現実的な経営指針としての解決策が出るようになっていきました。

　そのために重要な考え方として、「投資」と「経費」を分けて考えることを徹底しました。経費は削減が望ましいけれど、残業代以外の給与も含めた「投資」は会社の存続と発展のために欠かせない

出費として、手を付けない。こうした考え方が浸透したことで、より現実的な解決策が考えられるようになりました。当時は、社員全員が何らかのプロジェクトに所属することを目標にしていましたが、現在は自分たちで手を上げ、何らかのプロジェクトに所属することが当たり前の社風になっています。

　こうした様々な取組みにより、株式会社吉村は、2018 年には第 8 回「日本でいちばん大切にしたい会社」大賞で「中小企業基盤整備機構理事長賞」を受賞しました。

憲法を念頭において
共存共栄の職場づくりを進める

株式会社エイチ・エス・エー

所　　　　属：神奈川県中小企業家同友会所属
代表取締役：田中　勉
事 業 内 容：総合生活支援事業、介護事業、在宅・訪問マッサージ、障害者福祉事業、治療室
創　　　　業：1999 年
所 在 地：神奈川県小田原市
社 員 数：正社員 97 名、パート・アルバイト 209 名（2021 年現在）
U　R　L：https://www.hsa-w.co.jp/

自己紹介・自社紹介

 頑張った先が見通せる組織をつくろうと起業

　私は、卒業後、大手自動車会社に勤め、次に大手広告代理店の子会社で設備管理部門を担当し、最後に財団職員を経て起業しました。

　起業（創業）のきっかけは、設備管理部門で働いていた時に部下から「こういう仕事のやり方はいつまで続くんでしょうか？」、と聞かれたことでした。

　それまで、私は与えられた仕事をノルマとしてこなすことを当たり前と思ってやっていたので、「何言ってんの。これが仕事だよ」と答えました。しかし、言った本人の私が、どうすれば将来が良くなるのかが全然わからず、先輩に聞いてもわからないということに、疑問を持ちました。

　頑張った先には何があるのか。働くことで会社や客がどう変わっていくのか、がクリアに見通せる組織があるべきだという考え方が膨らみ、起業（創業）を決意しました。

 介護業界にフォーカスし、新規事業を毎年立上げ－新規事業はすべてスタッフの提案から

　わが社は、神奈川県小田原市で、介護・障害・医療のトータルサービスを提供しています。具体的には、介護事業や在宅・訪問マッサージ、障害者福祉事業、治療室などです。

　現在、売上高は10億3,580万円、従業員は、非正規社員を含めて306名です。

　私が起業する際、介護業界にフォーカスした理由は2つあります。1つは設備投資が必要ないこと、もう1つは、人に直接サービスを提供して感謝される仕事に魅力を感じたことです。ただ、ビジネスうんぬんよりも、わかりやすい組織をつくりたいという動機が一番強かったです。

1999 年に創業し、医療マッサージ事業、住宅改修事業を始めました。その翌年（2000 年）に介護保険制度がスタートし、問合わせが多数寄せられたことから、新たに訪問介護業務を開始し、以後、ほぼ毎年新規事業を立ち上げています。これらの新規事業は、すべて現場で働くスタッフからの提案を実現したもので、私から「やれ」と号令をかけることはありません。

　わが社では、スタッフが自ら発案し、3 名の賛同者を集めて提案すれば、外部のコンサルティング会社が事業性を判断し、OK が出れば実行に移すことができる仕組みになっています。

社長の思い・理念

 ### 日本国憲法をもとに作成した経営理念

　私は、会社は小さな国家であり、社会だと思っています。ですから、わが社の経営理念は、日本国憲法をもとに作成しています。わが社では、何か困ったときや判断に迷ったときは理念を見ます。

　日本国憲法 27 条には、「すべての国民は勤労の権利を有し、義務を負う」とあります。また、28 条では、労働者の権利として「団結権」「団体交渉権」「団体行動権」といった 3 つの権利を認めています。働くにあたっては権利と義務の両方があり、働く人は経営者に対して団体交渉権が認められているということを認識することが大事なので、わが社では研修をする際にいつもスタッフに話しています。

 ### 理念の前では皆平等

　わが社の基本理念の前文では、「私たち人間の暮らしは、人と人が、それぞれの立場で、それぞれの役割を、果たしていることで、社会が形成されています。」とうたっています。いわゆる分業社会ということを、社員の共通認識にするようにしています。われわれは、

介護の仕事の一部分をやっているんだということを、お互いに認識しようということです。

　社会的企業であるエイチ・エス・エーにおいては、「理念の前では皆平等、多様な才能と自由な議論」としています。理念のもとでは、経営者も働く人も同じということです。

 ## 人間力を学ぶ「社会学校」として社会から支持される組織を目指す

　仕事は「良道」であり、会社を「人間力」を学ぶ「社会学校」と位置づけた経営理念の前では、社員も経営者もなく、何か新しいことを決定する会議では、全会一致が可決の条件となっています。

　また、理念の中に「組織基準」というものを設け、「一人では成し得ない、又は一人では非効率な目的を達成するときに、一人ひとりが知識・技術・技能・人間力を高め、お互いに協働することで、社会から必要とされ、支持される組織」を目指しています。

　これも理念の抜粋ですが、「行動思想」は、まさに憲法そのものです。「他者を理解し尊重する」「価値観の違う人同士が共存共栄できる社会（会社）を実現する」「常に挑戦し、変化し、そして成長する」。自分と同じ意見を持った人同士が固まっていたら、成長はできません。価値観の違う人を否定するのではなく、理解しようと努力し、意見を交わすから成長できます。エイチ・エス・エーは、そんな変化の多様性を大切にできる「社会学校」を目指しています。

 ## 会社と社員の相互協力を徹底する「労資協調主義」

　また、わが社は「労資協調主義」を100％導入しています。これは、「労働者と資本家が相互に協力して企業の業績を高めれば、資本家の利潤も労働者の賃金も増大し国民の生活水準が上昇する」という思想です。わかりやすくいうと、企業の目的と個人の目的は不離一体にしていかなければいけないということです。

取組みの見どころ

 ### 全会一致で決める就業規則

　理念は会社の憲法であり、就業規則は会社の法律という考え方のもと、就業規則に記載されている労働条件については、毎年、スタッフが議論し、合意したうえで、専門家のチェックを経て改定される仕組みになっており、「全会一致」で決めることが会社のルールです。

(1)　休職・復職のためのマニュアル作成

　メンタルを病んでしまったスタッフが復職を希望しているなら、それができるように会社として支援したいという思いを明確に形にし、対応マニュアルを作成しています。どの段階でどのクリニックにどんな書類を出してもらえばよいかなど、このマニュアルに従って動けば、休職も復職もスムーズにできるようきめ細やかに対応しています。このマニュアルは、メンタルを病んでしまったスタッフの役に立つだけではなく、今はその制度を必要としないスタッフにも未来の安心を与えると思います。

(2)　年齢上限のない育児時短勤務

　子どもの年齢に上限を設けず、理由がはっきりしていれば、高校生、大学生であっても、時短勤務ができるように規定しています。

 ### 働き方を自ら決められるキャリアアップ制度（選択制民主主義制度）

　わが社では、企業目的の中に「選択制民主主義に基づく働き方」を掲げ、自分の働き方を自ら決め交渉できる仕組みを導入しています。すべての社員は、現場で専門職を目指す働き方と、管理・経営職として組織を持ち事業の成長を支える働き方の、いずれかを選ぶことができます。

　選択制民主主義制度は、「自主、民主、連帯の精神」に基づいて、

運営されています。何も考えずに与えられた仕事を当たり前のようにしている人が多いですが、「なぜ働くのか」を考えることは、自らの人生を考えるうえで必要です。

　そのため、当社では自らの思想を深める勉強会を開催しています。自分の働き方を自ら決める選択制民主主義は、人生設計において大切だと考えています。

(1)　制度の概要

① 　毎年6月に、非正規社員も含めた全社員に「働き方提案シート」を配ります。この働き方提案シートを使って、希望する賃金額や部署、役職等を全社員に自己申告してもらいます。

② 　7月に所属長宛に提出してもらい、一次事業計画を策定します。

　一次事業計画では、みんなの意見を採り入れたらこうなる、という科学性を持った損益計算書を作ります。ここでは、一次事業計画確認書という予算書が2種類あります。設備・備品と人件費・賃金です。この予算書を受けて全体の仮の損益計算書を立ててもらっています。

　二次事業計画では、全スタッフがこれを持って科学的に議論と承認を行い、加筆修正していきます。こんなに売上は出せないので、これくらいにしておこうか、という議論をここでします。

③ 　8月にこれを部課長に提出し、部課長が科学的に確認を行って、加筆・修正して提出します。

④ 　9月に、事業計画確認書、予算書2通、年間行動計画から成る最終事業計画ができます。

　年間行動計画は、最初の半年間で何をするかを立て、それを月次計画にし、最初の月は何をやるかを具体的に入れていきます。そのための組織体制はどうするか、その部署の組織図をしっかりと書き、さらに、勤務体制はどうするのかも、この時点で明確に出していきます。それをトータル的に1つの表にしたのが年間の月次損益表で、最終計画のできあがりとなります。

⑤　最後に、その場で議論して決められたことに対して、最終的に
　　社員に署名・捺印をしてもらうというプロセスをとっています。
⑥　12 月に、事業計画発表会を全体でやります。

⑵　目的・効果

　不透明な部分があると不満につながってくるので、全員で会社を
監視できる体制をつくることを目的としています。賃金や役職のプ
ロセスが完全に見える化され、また、その内容は最終的に全会一致
で決定されるため、おのずと社員の参加意識が高くなります。

 人事評価制度を廃止しエントリー制へ

　「人が人を評価するのは自社の理念に反する」といわれたことか
ら、2013 年度に人事評価制度を廃止し、すべてエントリー制をとっ
ています。具体的には、非正規社員の研修制度であるマイスタープ
ログラム、責任者・管理者へのエントリー、課長職以上のエントリー
などがあります。

　選択の場を用意するのは組織の役目であり、それを選ぶかどうか
の決定権はスタッフに委ねているので、参加は強制しません。

⑴　マイスタープログラム（非正規社員の研修制度）

　アシスタント、スタンダード、プロフェッショナルというレベル
に分かれています。約半年間の研修期間を設け、昇給テストを受け
ればその結果に応じてグレードが上がり、時給も上がる制度です。

⑵　責任者・管理者へのエントリー

　「やりたい」と手を挙げればエントリーできます。ただし、役職
者の基本知識試験を受ける必要があります。この試験は、本人がや
りたいのであれば、合格するまで何度でも受けることができます。
　管理者は、事業計画を作れなければならないので、管理者になる
場合は、事業計画を作成し、その部署の人の同意を得るという作業
をやってもらいます。

(3) 課長職以上のエントリー

・2事業および月商800万円以上の事業を管理すると、自動的に次の年には課長になれます。

・3事業および月商1,200万円以上の事業を管理すると、自動的に次の年には部長代理になれます。

・課長職以上は、自社の株式の取得と役員の権利も選択できます。

　さらに、2021年4月1日からは、管理者以上の職位の者が下記の要件を満たした場合に、会社を設立できるようになりました。

会社設立要件

職　名	役　割	必要資格
管理者 課長 部長代理 部長 統括部長	社会的企業 ①お客様から必要とされる会社 ②働く人から必要とされる会社 ③社会から必要とされる会社	就業規則 1-3-2 2-10

職　名	基本条件
管理者	エントリー制：毎年10月までにエントリーすること
課長	①月商800万円以上営業利益10％以上を3年間継続管理するもの
部長代理	②発起人（株主）3名以上（社外可）
部長	③資本金の設定
統括部長	④事業の社会的意義と価値の設定（得得の連携）

個人情報以外はすべて情報開示

　こういう経営をしていくには、社内情報を開示することが絶対条件です。自社では基本的に個人情報以外はすべて公開します。例えば、月次損益表は部署別にすべて出します。前年度計画三期比較を

毎月全部出しています。会社の預金残高、通帳、キャッシュフロー計算書も、全部公表しています。

こういう情報を公表しないと、事業計画がつくれません。ですから、財務諸表の読み方、使い方の研修を、役職者は絶対必須の業務としてやります。そして、こういう情報が各部署から上がってきますから、当然社員1人あたりの単価、利益率を確認していかないとダメです。内部監査もやっています。

「社会学校」としての採用

(1) 制度の概要

先着順です。空きがあれば、先に応募した人から順に採用します。

(2) 特徴

経験や能力、人柄などを一切審査せずに採用を決めます（社会学校の役割）。

問題があっても構いません。むしろ問題を起こすために先着順にしています。職場には必ず気が合わない人、好きになれない人がいるというのが前提です。自分と異なる考えから、人は多くを学べます。異なる考え、異なる価値観に触れることで人は成長していくと思うんです。そうした環境は、私たちの仕事にも通じます。福祉の仕事は、いろいろな方と接していかなくてはならないからです。

安心感を与える上限300万円の貸付制度

住宅、学費、医療費などを、上限300万円まで会社に借りることができます。貸付金額が10万円以下なら、金利はゼロです。それ以上の金額なら、金利1%です。利用者は多く、スタッフに「安心感」を与えることができています。

コロナ禍で新たに取り組んだこと

目指す姿を「総合福祉事業」から「総合生活支援事業」にシフト

　コロナ禍で世の中の見通しがつかなくなり、不安に思う社員が多くなったので、新たな見通しを投げかけました。具体的には、「エイチ・エス・エーのあるべき姿」を改めて社員に考えてもらい、意見をまとめました。

　その結果、私達が次にやっていくことは、生きていくために必要な仕事をすべてやっていく「総合生活支援事業」となりました。今までは神奈川県小田原市で介護・福祉に関する「総合福祉事業」を目指してきましたが、これからは社会との関わりを重視してもっと生活に密着しよう、というのがその理由です。

　例えば、住宅の改修事業です。お客様の住宅で水漏れなどがあったときに、「エイチ・エス・エーにやってもらえば安心だよね」「エイチ・エス・エーに頼んでいれば安心して暮らせるね」と思っていただけることを目指そうと考え、生活に関わるあらゆるサービスを、一番困っているところから拡げていこうとしています。

社会的企業 エイチ・エス・エー
あるべき姿

変化への適応力は自律性と連携性【協働・共生】

理念	→	あるべき姿	1．地域の人たちに必要とされる会社
			2．地域の人たちが働きたくなる会社
			3．地域と共に一人一人が成長する会社

損得ではなく、互いに栄え成長できる得得思想

生活という目線で見ると、介護・福祉もまた別の視野が持てる
ので、いろいろな意見が出るようになりました。
　　社員には、左記のあるべき姿 1. 〜 3. に書かれている「〜会社」
の部分を、「自分の所属する部署や仕事」に置き換えて考えよう
と伝えています。自分に置き換えてしっかり考えていくことで、
社会の幸せにつながります。
　　社員には、物事を損得で考えるのではなく、お互いに栄え成長
できる「得得思想」で考えてほしいと思っています。

人を雇用する経営者として
知っておくべき「キホンのキ」

　第1部で見てきたように、働く環境づくりに取り組み、人を生かす就業規則をつくり上げてきた会社も、最初からそうであったわけではありません。各社様々なステップを経て、現在もなお働く環境づくりに取り組んでいます。

　第2部では、そうした、人を1人でも雇用した経営者であれば知っておくべき、人を生かす就業規則にいたるステージとステップアップについて確認するとともに、昨今の働き方改革に関連した法令等を紹介します。また、人を雇用するにあたって欠かせない、賃金制度についても、基本的な考え方を紹介します。

第1章
社員と一緒に自社の現状を確認しよう！

■ 1. 就業規則には整備状況に応じたステージがある

　人を生かす就業規則を実践するためには、その前提として基本的な就業規則の整備が欠かせません。

　そもそも、就業規則とは、入社から退社に至る「労働条件」と「職場の規律・ルール」を定めたものです。合理的な条件が定められた就業規則が社員に周知されていれば、就業規則の内容は雇用契約上の労働条件として認められます。社員数10人以上の会社では、作成義務と労働基準監督署への届出義務が、法律上定められていますが、10人未満であればつくらなくてもよいというものではありません。

　人を生かす就業規則にいたる就業規則の整備状況をステージごとに分類すると、次の図のようになります。146ページのフローチャートで自社のステージを確認し、人を生かす就業規則に向けたステップを一つずつ進めていくとよいでしょう。

就業規則のステージ

通常の就業規則 （本書第2部）

ステージ1
ルールが明文化されていない、あるいは実態に即した就業規則になっていないため、これまでの慣例や、その都度、場当たり的な対応によって働いている。
就業規則を作成・届出しましょう！（STEP1）

ステージ2
就業規則は作成されており、ある程度実態に合っているが、社員の意見は反映されておらず、会社の都合のみでルールが設定されている。
就業規則の内容を社内で話合いましょう！（STEP2）

ステージ3
社員の意見も反映された就業規則になっているが、見直しは必要に応じて不定期に行われており、計画的な働く環境づくりにはなっていない。
就業規則を定期的に見直しましょう！（STEP3）

人を生かす就業規則 （本書第3部）

ステージ4
定期的な就業規則の見直しを社員の意見も反映して行っているが、職場のルールづくりと、会社のビジョン・社員の人生ビジョンとのすり合わせや、経営指針と一体となった働く環境づくりとまではなっていない。
人を生かす就業規則にチャレンジしてみましょう！（STEP4）

ステージ5
会社のビジョンが明確であり、社員も各人が自身の人生ビジョンを描き、それぞれの一致に取り組んでいる。
経営指針と働く環境づくりが両輪として計画的に進められており、社員が両方をよく理解したうえで、自発性と創意を発揮している。
継続して人を生かす就業規則に取り組みましょう。

2. フローチャート図を使った現状確認

まずは、次のフローチャートを使って、自社の現状を確認してみましょう。

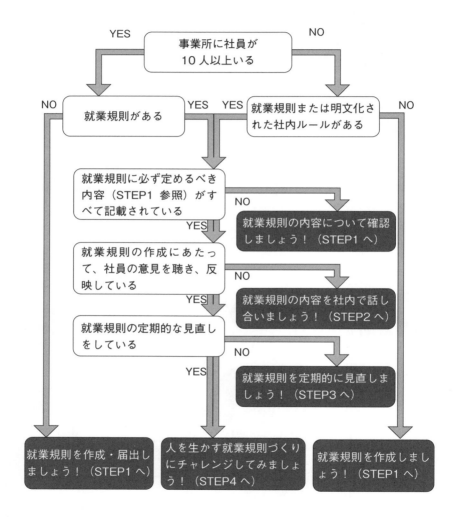

第2部　人を雇用する経営者として知っておくべき「キホンのキ」

(1) STEP1 就業規則を作成・届出しましょう！

　就業規則がない会社や、あってもほとんど読まれることがなく実態に合っていない会社では、実態に合った就業規則の明文化からスタートする必要があります。

　社員とともに働く環境づくりに取り組む際にも、文書としてのルールがまったくない状態では、具体的な話し合いも難しくなります。まずは基本的な事項について就業規則を作成し、社内で話し合うためのテーマを整理しましょう。

　また、労働基準法上、常時10人以上の社員を雇用する場合には、就業規則の作成・届出義務があります。この10人には、パートやアルバイト等の非正規社員も含まれます。会社に就業規則の届出義務がある場合には、きちんと労働基準監督署に届出も行いましょう。

　就業規則の項目は、会社ごとに変わりますが、法律上「必ず定めて記載する事項（絶対的必要記載事項）」と「任意の事項（相対的必要記載事項）」があります。

　法律上の要件を満たすためにも、社員と話し合うテーマを設定するためにも、まずは次のチェックシートを使って、就業規則に必要な事項を定めるようにしましょう。

就業規則の内容チェックシート

定める事項		定めるべき内容	チェック
総則		経営理念・前文・適用範囲等	
服務規律		社員が守るべき行動	
労働時間・休憩・休日		始業・終業・休憩時間、休日	
休暇	休暇	年次有給休暇、特別休暇、慶弔休暇、育児介護休業等	
	休職	休職の有無、休職理由、休職期間、復職	
賃金	賃金	基本給・手当の決定、計算・支払方法、締切日支給日、昇給について等	
	賞与	賞与の有無、支給時期、決定方法等	
退職	退社	定年の時期、退職手続等	
	解雇	解雇事由、解雇手続等	
	退職金	退職金の有無、支給理由、支給時期、計算方法等	
その他	採用、入社配置	採用対象・採用手続、必要書類等	
	社員教育	教育の種類、費用負担等	
	評価・処遇・異動	評価制度、役職、異動・出向等	
	表彰	表彰制度の有無、表彰の種類、該当事由、表彰の時期・方法等	
	懲戒	懲戒の有無、懲戒の種類、手続き、該当事由、懲戒解雇該当事由等	
	安全衛生・災害補償		

(2) **STEP2** 就業規則の内容を社内で話し合いましょう！

　自社の就業規則を作成するにあたり、社員の意見を聴いていますか？　また、聴いていると答えた場合でも、その聴き方は一方的ではないでしょうか？

　就業規則の作成にあたり、労働基準法上、社員の意見を聴き、意見書を作成してもらう必要があります。しかし、この手続きをしているからといって、必ずしも、十分に社員の意見を反映した就業規則になったとは言えません。

　なぜなら、労働基準法で求められているのは意見を聴くことだけであり、意見を反映する義務まではないため、実質的に経営者が一方的に作成した就業規則について、単に社員の代表者1名に意見を聴くだけにとどまるケースが多いからです。

　人を生かす就業規則づくりにおいて、「社員の意見を聴くこと」とは、社員を真のパートナーとして考え、働くルールや職場規律をどのように確立していくのがよいのかをともに考え、規定に反映させていくことをいいます。これにより、初めて、社員のためでもあり、会社のためでもある就業規則づくりを組織的にすることができるのです。

　具体的には、次の項目について検討するとよいでしょう。

① 就業規則を社員に公開していない場合

　就業規則を公開（周知）することから始めましょう。就業規則を公開（周知）していくことは、就業規則をみんなのものにしていく第一歩です。

　例えば、事務所や休憩室など誰でも見ることができる場所に就業規則を備え付けたり、クラウドや社内イントラネット等を使って、ネットワーク上の社員なら誰でもアクセスできる場所にアップロードしたりしておくのもよいでしょう。

また、朝礼で就業規則について取り上げたり、社内行事の一部分の時間を就業規則について説明する時間に充てたりして、就業規則の内容を紹介する方法もよいでしょう。

②　就業規則は社員に公開しているが、社員から意見を聴いていない場合

　就業規則に関する担当者や、就業規則について話し合う委員会を設置しましょう。例えば、定期的に社内で就業規則に関するアンケートをとり、結果を集計してもらえば、内容について社内で話し合いを行うきっかけにすることができます。また、社員からの質問等に答えてもらうことで社員への橋渡しにもなります。

⑶　STEP3　就業規則を定期的に見直しましょう！

　就業規則は、社内の働き方や待遇面を定めた統一的なルールです。そのため、最低限、法令の改正に対応していることや職場の現状等に合致していることが、必要です。

　さらに、人を生かす就業規則となるためには、就業規則の見直しを、単に改正への対応にとどまらず、自社の経営と連動させ、会社の10年ビジョンを達成するステップとして捉えましょう。

　時代や法令の変化に対応させることはもちろん、社員の年齢構成や世代交代、需要の変化、価値観の変化等も反映させ、それに対応できる内容にしていくため、定期的な見直しを行う体制を整える必要があります。

　また、PDCAサイクルとして、ルールと運用が合っているか、運用上の問題が出ていないかを確認し、より良いルールや運用がないか、一度定めたルールに問題がないかを見直す機会でもあります。

　中同協が実施した就業規則作成・見直し状況等に関するアンケート結果（2016年実施。3,767社が回答）を見ると、就業規則の作成・見直しをしている会社のほうが、直近1年間の業況が黒字基調と回

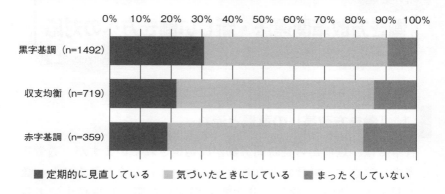

就業規則の見直し×最近1年の業況に関するアンケート結果

■ 定期的に見直している　　 気づいたときにしている　　 ■ まったくしていない

答した割合が高くなっています。

　これは、就業規則の規定を守り、良い人間関係を構築しながら、会社全体で一丸となって仕事に取り組めていることにより、生産性や社員の自発性が向上し、定着率にも良い影響を与え、会社が利益体質になっていくことを示しているといえるでしょう。

　会社の業績をあげるためにも、経営とともに、就業規則を、定期的に（最低でも年に1回は）見直していきましょう。

⑷　STEP4　人を生かす就業規則にチャレンジしてみましょう！

　自社の就業規則を「社員を育てる就業規則」「会社経営と補完し合い、会社と社員の信頼関係を構築する就業規則」へ育てていきましょう。

　これまでの STEP で見てきたように、社員の意見を採り入れて就業規則を定期的に見直す中で、どのように会社経営と就業規則を補完し合い会社を支え進めていくのかは、第3部で詳しく解説します。

働き方改革関連法・新しい働き方への対応

1.「働き方改革」の背景と流れ

　日本では、以前から長時間労働が問題視されていますが、過労死や過労自殺など労災認定されるケースは未だになくなりません。数字で見ても、2000年代に入り大きく増加した脳・心臓疾患による労災認定（過労死）数は高い水準のまま下がらず、精神障害による労災認定件数は今でも上昇が続いています。

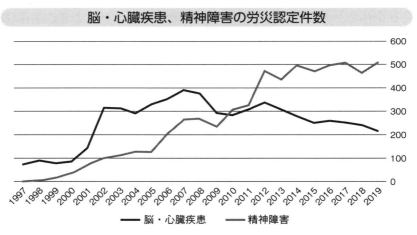

脳・心臓疾患、精神障害の労災認定件数

（出典）厚生労働省「過労死等の労災補償状況」「脳・心臓疾患の労災補償状況等について」を参考にグラフ化

　こうした状況に、2015年12月の電通の新入社員の自殺が一石を投じ、大きな社会問題となりました。

一方、年々増加する傾向にある契約社員やパートタイマー、派遣労働者といった非正規社員について、大企業を中心に正規社員との格差が社会問題となっていました。裁判所からも正規・非正規社員の労働条件の不合理な格差について一定の考え方が示されるなど、格差是正への機運が高まっていました。

雇用形態別の賃金カーブ（年齢別）（時給ベース）

○　正社員については年齢とともに賃金が上昇しており、企業規模が大きいほど上昇する度合いも大きくなっている。
○　正社員以外については、企業規模にかかわらず、年齢が上昇しても賃金はほぼ横ばい。
○　特に大企業において、正社員以外の賃金カーブの差が大きい。

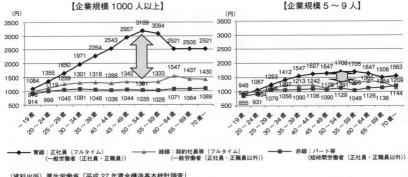

（資料出所）厚生労働省「平成27年賃金構造基本統計調査」
　（注）1）賃金は、調査年の6月分の所定内給与額
　　　　2）「正社員・正職員」は、事業所において正社員・正職員とする者
　　　　3）「正社員・正職員以外」は事業所において「正社員・正職員」以外とする者
　　　　4）一般労働者（正社員・正職員）の賃金は、6月分の「所定内給与額」を6月の「所定内実労働時間数」で除した値

（出典）平成28年3月23日「第1回　同一労働同一賃金の実現に向けた検討会」厚生労働省提出資料　資料3

　そして、長時間労働と正規・非正規社員の格差という社会問題を解決するため、さらには少子高齢化の中で労働参加率を高め、誰もがその能力を最大限発揮できる一億総活躍の社会を実現するために、多様な働き方を可能とする「働き方改革」が政府によって提唱されることとなり、働き方改革関連法案が国会に提出され、2018

年6月に成立し、2019年4月1日より順次施行されています。

(1) 2015年10月	「一億総活躍社会」の実現を目指す宣言 ※アベノミクス第2ステージ・第3次安倍内閣
(2) 2016年6月	「ニッポン一億総活躍プラン」を閣議決定 ※最大のチャレンジは働き方改革であり、多様な働き方が可能となるよう、社会の発想や制度を大きく転換しなければならない。
(3) 2017年3月	「働き方改革実行計画」 ※働き方改革実現会議決定（全10回）
(4) 2018年6月	「働き方改革関連法案」成立
(5) 2019年4月1日～	「働き方改革関連法」順次施行

2.「働き方改革」の目指すもの

　今、かつてないほどのスピードで少子高齢化が進んでいます。生産年齢人口（15歳～65歳）の減少は、この20年間で1,200万人を超えています。さらに、日本の人口減少に歯止めがかからない状況では、特に中小企業にとって労働力不足は死活問題となっています。

　このような状況で会社が維持発展していくためには、これまでの既成概念に捉われない『働き方』に変える必要があります。働き方改革とは、より多様な人材が、より活躍できる体制を整えることで、労働参加率を向上させ、労働力不足に対応することを目指した政策ということができるでしょう。それには、女性や高齢者、障害者など多様な人々がともに働き活躍できる労働環境へ改善していくことが重要です。そうした取組みは、社員満足度のアップにつながり、その結果として生産性の向上がなされ、会社の活性化が、やがては経済の成長と分配の好循環への役割を果たすことになります。

3. 今後の社員を雇用するにあたって留意すべきこと（主な対応ポイント）

項目	内容	施行
年次有給休暇の時季指定義務化 労働基準法 39 条	10 日以上の年次有給休暇が付与される労働者に対し、5 日について、使用者が時季指定をしなければならない	2019 年 4 月
時間外労働時間の上限規制 労働基準法 36 条	時間外労働時間の上限を月 45 時間・年間 360 時間とし、臨時的な特別な事情があっても年間 720 時間以内、月 100 時間未満、2〜6 か月の平均を 80 時間以内（休日労働を含む）とする	■大企業 2019 年 4 月 ■中小企業 2020 年 4 月
同一労働同一賃金 パートタイム・有期雇用労働法	正社員と非正規労働者の待遇に不合理な差をつけることを禁ずる	■大企業 2020 年 4 月 ■中小企業 2021 年 4 月
割増賃金率の猶予措置廃止 労働基準法 37 条、138 条	時間外労働時間が月 60 時間を超えた場合にかかる割増賃金率 50％超について中小企業の猶予措置を廃止する	■大企業 2010 年 4 月 ■中小企業 2023 年 4 月
ハラスメント防止対策の義務化 労働施策総合推進法（女性活躍推進法・育児介護休業法等）	パワーハラスメント防止のための雇用管理措置を義務づける セクシャルハラスメント等についての防止対策についても強化	■大企業 2020 年 6 月 ■中小企業 2022 年 4 月
副業・兼業	ガイドラインにて副業・兼業を行う場合の労働時間管理の仕方を規定	2020 年 9 月改定

中小企業に影響の大きい働き方改革関連法による改正 (本書での解説なし)		
勤務間インターバル制度 労働時間等設定改善法2条	終業と始業の間に一定の休息時間を確保する勤務間インターバル制度の普及に努める	2019年4月
産業医の機能強化 労働安全衛生法13条	従業員の健康管理に必要な情報の提供を会社に義務づける	2019年4月
高度プロフェッショナル制度の創設 労働基準法41条の2	高度の専門的知識等を有し、職務の範囲が明確で一定の年収要件を満たす労働者本人の同意、休日確保措置や健康・福祉確保措置等を講ずることなどを条件に労働時間、割増賃金に関する規定を適用しない	2019年4月
労働時間の適正把握義務 労働安全衛生法66条の8の3	管理監督者等を含む全労働者について、労働時間の状況をタイムカード、パソコンの使用時間等の客観的な記録、その他適切な方法による把握の義務化、医師による面接指導の義務化 など	2019年4月
フレックスタイム制の見直し 労働基準法32条3	清算期間の上限を1か月から3か月に延長（要件を満たす場合、割増賃金支払義務、医師面接指導等の対象となる）	2019年4月
働き方改革関連法そのものではないが、本書で触れている事項		
最低賃金の引上げ	「働き方改革実行計画」において「年率3％程度」を目途として引き上げていくこと、全国加重平均が1,000円になることを目指すことが示された	**毎年10月1日前後に改定**
テレワーク	ガイドラインにて労務管理を中心に、労使双方の留意すべき点、望ましい取組み等を規定	**2021年3月改定**

4. 同一労働同一賃金

(1) 制度の趣旨

　雇用者の約4割を非正規社員（短時間社員・パートタイマー・有期契約社員・派遣社員・嘱託など）が占めており、年々増加する傾向にあります（全雇用者数5,620万人のうち非正規社員2,090万人：総務省統計局「労働力調査（詳細集計）2020年（令和2年）平均」）。

　そのような状況の中で、正社員（無期雇用フルタイム社員）と非正規社員との間の賃金や賞与などの待遇格差が社会問題とされ、それを是正するため「同一労働同一賃金」（同じ内容の仕事をする社員には同じ賃金を支払うべき）という考え方が打ち出され、2020年4月に「パートタイム・有期雇用労働法」が施行されました。

　主な内容としては、同一企業内における正社員と非正規社員の間で待遇差がある場合は、その格差が不合理であってはならないこと、待遇格差の説明義務や正社員への転換制度の推進などがあります。

　非正規社員を雇用する会社は、基本給や賞与、諸手当、福利厚生などの待遇について支給基準の見直し・明確化などの検討や、正社員への転換についての措置を講じる必要があります。

(2) 制度の概要

　制度の概要は次のとおりです。

① 不合理な待遇格差是正の義務化

　同一企業内において、正社員と非正規社員との間で、基本給や賞与、福利厚生などのあらゆる待遇について、不合理な待遇格差を設けることが禁止されました。

ア 「不合理な待遇差の禁止（均衡待遇）」

　会社が、雇用する非正規社員の待遇と正社員の待遇を相違させる場合は、その待遇の相違は、職務の内容、責任、配置の変更の範囲（人材活用の仕組みや運用など）、その他の事情を考慮して、不合理と認められるものであってはなりません。

イ 「差別的取扱いの禁止（均等待遇）」

　会社は、職務の内容、責任、配置の変更の範囲（人材活用の仕組みや運用など）が正社員と同一の非正規社員については、非正規社員であることを理由として、その待遇について、差別的取扱いをしてはなりません。

正社員に複数の社員タイプが存在する場合（例）

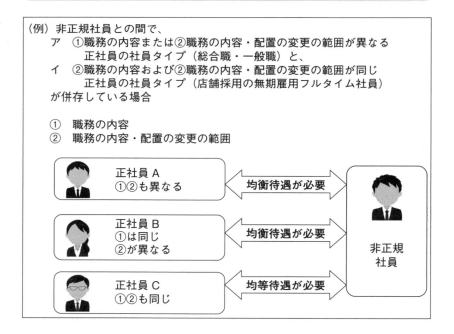

（例）非正規社員との間で、
　　ア　①職務の内容または②職務の内容・配置の変更の範囲が異なる
　　　　正社員の社員タイプ（総合職・一般職）と、
　　イ　②職務の内容および②職務の内容・配置の変更の範囲が同じ
　　　　正社員の社員タイプ（店舗採用の無期雇用フルタイム社員）
　　が併存している場合

　　①　職務の内容
　　②　職務の内容・配置の変更の範囲

正社員 A
①②も異なる　←均衡待遇が必要→

正社員 B
①は同じ
②が異なる　←均衡待遇が必要→　　非正規社員

正社員 C
①②も同じ　←均等待遇が必要→

② 非正規社員に対する待遇に関する説明義務の強化

非正規社員は「正社員との待遇差の内容や理由」などについて、会社に説明を求めることができるようになりました。

会社は、非正規社員から求めがあった場合は、説明をしなければなりません。

③ 行政による助言・指導等や裁判外紛争解決手続（行政ADR）の整備

非正規社員の雇用管理の改善を図るため、行政が会社に助言や指導・勧告ができるようになりました。また、非正規社員の雇用について、都道府県労働局における、無料・非公開の紛争解決手続を行うようになりました。②の説明義務についても、この紛争解決手続の対象となります。

(3) 対応すべきポイント

① 労働条件に関する文書の交付・会社が講ずる措置の内容の説明等

会社は、非正規社員を雇い入れた時や、労働契約の更新時に、速やかに雇用契約書や労働条件通知書など、労働条件に関する文書を明示する必要があります。特に「昇給の有無」、「退職手当の有無」、「賞与の有無」、「相談窓口」についての明示が必要です。

また、会社は、非正規社員を雇い入れた時は、速やかに賃金制度や教育訓練、福利厚生、正社員転換など、実施する雇用管理の改善に関する措置の内容を説明しなければなりません。

さらに、非正規社員から求めがあったときは、待遇の相違の内容および理由、賃金や教育訓練、福利厚生、正社員転換など、待遇を決定するにあたって考慮した事項を説明する必要があります。

これらの説明にあたっては、単に「パートだから」とか「将来の

役割期待が異なるため」といった主観的・抽象的な説明では足りませんので、具体的に説明できることが必要です。非正規社員からの求めがあった際に速やかに回答できるよう、また自社の制度が本当に「同一労働同一賃金」の考え方に沿ったものになっているのかを確認するためにも、あらかじめ各項目に関する説明書を作成するとよいでしょう。

　この説明書を作成する中で、不合理な待遇格差となっているものがあれば、就業規則の改定も含め、速やかに見直しましょう。

②　教育訓練

　会社は、正社員に対して実施する教育訓練であって、職務遂行能力に関するものについては、職務の内容が同じ非正規社員に対しても、同様の教育訓練を実施する必要があります。ただし、非正規社員がすでに必要な職務遂行能力を有している場合は除きます。

③　福利厚生

　会社は、正社員に対して利用の機会を与える福利厚生施設（給食施設、休憩室、更衣室）については、その雇用する非正規社員に対しても、利用の機会を与えなければなりません。

④　通常の社員への転換

　会社は、正社員への転換を推進するため、その雇用する非正規社員について、次のいずれかの措置を講じる必要があります。また、転換を推進するためにも、どのような措置を講じているか、会社内の非正規社員にあらかじめ周知することが求められます。
ア　正社員を募集する場合、その募集内容をすでに雇っている非正規社員に周知する。

待遇についての説明書

令和　　年　　月　　日

○　○　○　様

事　業　所　名
代表者職氏名

印

貴方（パート・有期社員）と正社員との待遇の違いの有無と内容、理由は以下のとおりです。
不明な点は「相談窓口：総務担当者」までお尋ねください。

1．比較対象となる正社員		・当社各部門の正社員で概ね勤続３年未満の人
	比較対象となる正社員の選定理由	・職務内容が同じ正社員はいませんが、同じ部門に従事し責任・役割等級（能力）が同程度の正社員は、概ね勤続３年未満の人です。

2．待遇の項目、待遇の違いの有無とその内容・理由

基本給	待遇の目的 ・経営指針を実施する責任・役割等級と貢献度評価等により、給与表で決定します。
	正社員との待遇の違いの有無と、ある場合その内容　〔　ある　・　ない　〕 ・正社員の月給は、経営指針を実施する責任・役割等級と貢献度評価および業績・営業成績の達成状況を評価して支給します。 　Ⅰ等級月額○○○○○円（時給換算○○○○円）〜Ⅵ等級月額○○○○○円（時給換算○○○○円）です。（月所定勤務時間○○○時間） ・パート・有期社員の時給は、Ⅰ等級○○○○円〜Ⅲ等級○○○○円です。
	待遇の違いがある理由 ・正社員は、経営指針を実施する責任・役割等級（Ⅰ〜Ⅵ等級）と貢献度評価および業績・営業成績の達成状況に基づき支給します。業績・営業成績達成への責任（ノルマ）があります。また、会社が定めるシフトで勤務し、職務の内容や配置の変更があります。 ・パート・有期社員は、経営指針を実施し業績・営業成績を達成する責任（ノルマ）はありません。また、各人の希望に沿ったシフトで勤務し、職務の内容や配置の変更はありません。正社員との責任・役割の程度の違いを考慮し、職務の内容（Ⅰ〜Ⅲ等級の定型業務）に応じて時間換算した時給を支給します。
役職手当	待遇の目的 ・・・・・
	正社員との待遇の違いの有無と、ある場合その内容　〔　ある　・　ない　〕 ・・・・・
	待遇の違いがある理由 ・・・・・
○○手当	・・・・
賞与	・・・・
退職金	・・・・
休職	・・・・
資料等	・社員就業規則・給与規程・パートタイム就業規則・給与規程・雇用契約書（雇用条件通知書）

イ　正社員のポストを社内公募する場合、すでに雇っている非正規
　　社員にも応募する機会を与える。
ウ　非正規社員を正社員へ転換するための試験制度を設ける。
エ　その他正社員への転換を推進するための措置を講ずる。

⑤　**賃金制度の見直し・導入検討**

　明確な賃金制度がなければ、賃金に対する待遇差について説明す
ることも困難です。人を生かす就業規則に取り組むにあたって、賃
金制度の構築はとても重要です。「同一労働同一賃金」にも対応し
た賃金制度の見直し・導入を検討する必要があります。

　賃金制度の導入については、第3章で基本的な考え方を解説して
います。また、政府からは職務評価による賃金制度についてテキス
ト（「職務評価を用いた基本給の点検・検討マニュアル」）が公開
されています。職務評価とは、正社員と非正規社員の職務内容を点
数化し、職務（役割）の大きさを評価することにより、支払われて
いる賃金（基本給）との均等・均衡待遇を客観的に確認することが
できる手法とされています。

　しかし、賃金制度は会社にとっても働く環境にとっても根幹に関
わる部分であり、どのような制度を導入するべきか、慎重に検討す
る必要があります。

　「同一労働同一賃金」に対応した賃金制度とするためには、例え
ば基本給、諸手当、賞与、退職金、福利厚生、教育訓練など、それ
ぞれの待遇について、差がないか、差があるのであれば合理的な差
の範囲に収まっているか、一つひとつ確認していく必要があります。

　所定労働時間が短いことを理由とする合理的な差異や、個人の勤
務成績により生じる差異によるものについては許容されますが、例
えば、通勤手当のように所定労働時間の長短や個人の勤務成績に関
係ないものについては、通常の労働者と同様に支給する必要があり
ますので注意が必要です。

このプロセスは複雑であり、客観的な視点も必要なことから、できれば外部の専門家と相談しながら進めていったほうがよいでしょう。特に社員数が10人、20人を超えてくる会社では賃金テーブル表を作成するなど、賃金制度を明確化しなければ待遇格差の確認や説明も難しくなるでしょう。

同一労働同一賃金ガイドラインが示す主な手当に関する「問題となる例」・「問題とならない例」

「問題となる例」← 是正が必要

● **役職手当**

・ 役職手当について、役職の内容に対して支給しているA社において、通常の労働者であるXの役職と同一の役職名であって同一の内容の役職に就く有期雇用労働者であるYに、Xに比べ役職手当を低く支給している。

● **深夜労働又は休日労働に対して支給される手当**

・ A社においては、通常の労働者であるXと時間数及び職務の内容が同一の深夜労働又は休日労働を行った短時間労働者であるYに、深夜労働又は休日労働以外の労働時間が短いことから、深夜労働又は休日労働に対して支給される手当の単価を通常の労働者より低く設定している。

● **労働時間の途中に食事のための休憩時間がある労働者に対する食費の負担補助として支給される食事手当**

・ A社においては、通常の労働者であるXには、有期雇用労働者であるYに比べ、食事手当を高く支給している。

● **特定の地域で働く労働者に対する補償として支給される地域手当**

・ A社においては、通常の労働者であるXと有期雇用労働者であるYにはいずれも全国一律の基本給の体系を適用しており、かつ、いずれも転勤があるにもかかわらず、Yには地域手当を支給していない。

「問題とならない例」

● **役職手当**

　　・　役職手当について、役職の内容に対して支給しているＡ社において、通常の労働者であるＸの役職と同一の役職名（例えば、店長）であって同一の内容（例えば、営業時間中の店舗の適切な運営）の役職に就く有期雇用労働者であるＹに対し、同一の役職手当を支給している。

　　・　役職手当について、役職の内容に対して支給しているＡ社において、通常の労働者であるＸの役職と同一の役職名であって同一の内容の役職に就く短時間労働者であるＹに、所定労働時間に比例した役職手当（例えば、所定労働時間が通常の労働者の半分の短時間労働者にあっては、通常の労働者の半分の役職手当）を支給している。

● **交替制勤務等の勤務形態に応じて支給される特殊勤務手当**

　　・　Ａ社においては、通常の労働者か短時間・有期雇用労働者かの別を問わず、就業する時間帯又は曜日を特定して就業する労働者には労働者の採用が難しい早朝若しくは深夜又は土日祝日に就業する場合に時給に上乗せして特殊勤務手当を支給するが、それ以外の労働者には時給に上乗せして特殊勤務手当を支給していない。

● **精皆勤手当**

　　・　Ａ社においては、考課上、欠勤についてマイナス査定を行い、かつ、そのことを待遇に反映する通常の労働者であるＸには、一定の日数以上出勤した場合に精皆勤手当を支給しているが、考課上、欠勤についてマイナス査定を行っていない有期雇用労働者であるＹには、マイナス査定を行っていないこととの見合いの範囲内で、精皆勤手当を支給していない。

● **通勤手当**

　　・　Ａ社においては、本社の採用である労働者に対しては、交通費実費の全額に相当する通勤手当を支給しているが、それぞれの店舗の採用である労働者に対しては、当該店舗の近隣から通うことができる交通費に相当する額に通勤手当の上限を設定し

て当該上限の額の範囲内で通勤手当を支給しているところ、店舗採用の短時間労働者であるXが、その後、本人の都合で通勤手当の上限の額では通うことができないところへ転居してなお通い続けている場合には、当該上限の額の範囲内で通勤手当を支給している。

・　A社においては、通勤手当について、所定労働日数が多い（例えば、週4日以上）通常の労働者及び短時間・有期雇用労働者には、月額の定期券の金額に相当する額を支給しているが、所定労働日数が少ない（例えば、週3日以下）又は出勤日数が変動する短時間・有期雇用労働者には、日額の交通費に相当する額を支給している。

（出典）平成 30 年 12 月 28 日厚生労働省告示第 430 号「短時間・有期雇用労働者及び派遣労働者に対する不合理な待遇の禁止等に関する指針」より抜粋

取組み事例

　「同一労働同一賃金」に対する回答は、正社員も非正規雇用も、ともに会社の一員であり、重要なパートナーとして、それぞれの希望する働き方の中で力を発揮してもらえる体制を整えることにあるといえます。そして、不合理な待遇差をつくらず、それぞれの働き方と力の発揮具合によって待遇を決定することです。

　第1部で紹介した会社でも、非正規雇用を安価な労働力として捉えるのではなく、社員の条件に合った柔軟な働き方として運用している事例が見られます。

株式会社アンサーノックス P25〜P34	会社のルールに働き方をあてはめるのではなく、社員の条件に合った働き方を会社が受け入れることで雇用形態を変更している事例
有限会社京美容室 P55〜P62	雇用契約の際や子育てなど家庭環境が変わったときに、家庭状況に応じた働き方を実現できるよう面談を行い、雇用形態を定めている事例

5. 時間外労働時間の上限規制

(1) 制度の趣旨

　時間外労働は、社員の健康や仕事と家庭の両立など、様々な課題に悪影響を与えています。具体的には、2019年度の過重な仕事が原因で発症した過労死等に関する労災請求件数は2,996件（前年度比299件増）、支給決定件数は725件（前年度比22件増）となっており、うち死亡（自殺未遂を含む）件数は前年度比16件増の174件と、最近も増加傾向となっています。

　労働時間は、原則として1日8時間以内、1週間40時間以内と

労働基準法で定められています（法定労働時間）。この法定労働時間を超えて労働させる場合には、労使協定（以下、「36協定」といいます）を締結して労働基準監督署に届け出なければなりません。働き方改革関連法による改正前は、時間外労働の限度時間は、法律ではなく、「限度基準告示」として示され、罰則は設けられていませんでした。さらに、臨時的な特別の事情があって労使が合意する（特別条項を結ぶ）場合の時間外労働時間は事実上無制限で、年間の合計が1,000時間を超える協定届も珍しくありませんでした。

　改正により上限が法律として設けられ、さらに罰則（6か月以下の懲役または30万円以下の罰金）が設けられました。

残業時間の上限規制

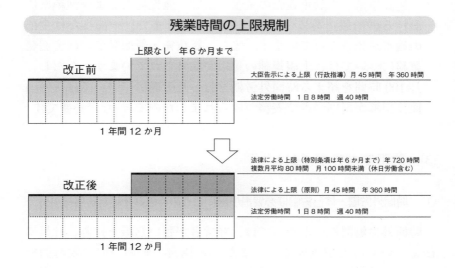

(2)　制度の概要

　36協定を締結し、労働基準監督署に届け出た場合でも、時間外労働（休日労働は含まず）の上限は、原則として月45時間・年360時間と定められています（一般条項）。36協定に特別条項を加えたうえで、臨時的な特別の事情がある場合のみ、条件つきでこの

上限を超えることができます。

① 特別条項を結んだ場合でも、次の上限を超えることはできません。
（ア）年720時間以内（休日労働含まず）
（イ）月100時間未満、2～6か月平均80時間以内（休日労働を含む）
（ウ）原則である月45時間を超えることができるのは、年6か月まで

② 法違反の有無は「所定労働時間」ではなく、「法定労働時間」の超過時間で判断されます。

③ 建設事業・自動車運転の業務・医師・鹿児島県および沖縄県における砂糖製造業については2024年3月まで、一部または全部の適用が猶予されています。また、新技術・新商品等の研究開発業務については、上限規制の適用が除外されています。ただし、月100時間を超える時間外労働を行った労働者については医師の面接指導が罰則つきで義務づけられましたので、注意が必要です。

(3)　対応すべきポイント

①　時間外労働・休日労働は必要最小限にとどめる意識を経営者自身が持つ

時間外労働削減にあたっては、経営者が強い意識を持ち、社員に伝えていくことが重要です。また、36協定の範囲内の労働時間であっても社員に対する安全配慮義務を負っていますので、その意味でも会社全体として取り組んでいくことが必要です。

②　会社の体質改善を図る

特に時間外労働が常態化している会社の場合は、抜本的な改革が必要になることがあります。

例えば、管理職も含めて個別に時間外労働時間削減の数値目標を立て、現状の労働時間と目標の労働時間とのギャップを埋めるためにムダとなり得る行動を会社全体で削減する意識を持ち、場合によっては、チーム制を導入するなど、段階的に3年から5年の削減計画をつくってみるなどするとよいでしょう。

同時に事業構造自体の見直しも行い、長時間労働に頼らない利益構造の構築を目指しましょう。

③ 定期的な36協定の締結、届出体制の構築

36協定の締結、届出を忘れないよう、会社の行事予定に入れるなど、毎年有効期間内に行えるようにしましょう。

④ 個人別の労働時間把握

社員ごとに毎月、時間外労働、休日労働の時間数を把握し、声掛けや面談を行うなどコミュニケーションをとることで、時間外労働削減に向けた支援を行いましょう。

⑤ 業務の繁閑に対応できる制度の導入を検討する

業務の繁閑によって時間外労働時間が増えている場合には、月単位や年単位で労働時間を決める「変形労働時間制」、可能であれば「フレックスタイム制」の導入などを検討してみるとよいでしょう。

取組み事例

　時間外労働削減は、世間的な関心も高く、社員の採用・定着においても大きな課題となっています。第1部で紹介した会社の中にも時間外労働の削減に取り組む会社は多くあります。

　事例を見ると、時間外労働の削減のみに取り組むのではなく、業務の効率化や事業構造の転換など、会社の収益性向上と併せて取り組むことで効果があがっていることがわかります。

株式会社山田製作所 P47〜P54	システムの導入や社員の能力開発、残業削減の数値目標を設定するとともに、社長判断の選別受注で残業を大きく削減した事例
株式会社タナベ刺繍 P63〜P74	仕事の絞込みを行い、付加価値の高い仕事を行うことで収益構造を変えるとともに、価格決定権を得て、残業をほぼなくした事例
株式会社ユーワークス P75〜P82	下請から脱却し、重点的に営業する顧客を選別することで業務の効率性と収益性を向上させ、残業ゼロを達成した事例
拓新産業株式会社 P93〜P102	ノー残業デーから取り組み始め、所定労働時間外の顧客対応をやめ、社員が自主的に業務の簡素化や改善を行うことで、残業をほとんどなくした事例
株式会社オーザック P83〜P92	全社で「残業についての定義」を共有し、定時退社を徹底したことで、残業をほとんどなくした事例
株式会社　ヒロハマ P111〜P120	高能率・高賃金を目標に設定し、数値目標として人時生産性に着目し、段階的かつ確実に時短を進めていった事例

6. 月60時間超の時間外労働に対する割増賃金率引上げ
（中小企業への適用は2023年4月1日〜）

(1) 制度の趣旨

　時間外労働に対する割増賃金は、通常の勤務時間とは異なる時間に行う特別の労働に対する労働者への補償であるとともに、会社に対しても通常の賃金より人件費負担を重くすることで、長時間労働を抑制するためのものといえます。

　子育て世代の男性を中心に長時間労働を行う割合が高止まりで推移しており、社員の健康とワーク・ライフ・バランスの向上のためにも、長時間労働の抑制が社会的に重要な課題となっています。

(2) 制度の概要

　特に長い時間外労働を抑制するために、1か月に60時間を超える時間外労働に対し、その超えた部分について、法定割増賃金率をこれまでの25％以上から50％以上に引き上げることとしたものです。

① 1か月の法定時間外労働が60時間を超えた時点から、50％以上の割増賃金を支払わなければなりません。

② 深夜（22時〜翌日5時）の時間帯に1か月60時間を超える法定時間外労働を行わせた場合は、深夜分25％＋時間外分50％以上＝75％以上の割増賃金率となります。

③ 法定休日（例えば日曜日）に行った労働は「休日労働」として、時間外労働の計算に含まれませんが、それ以外の休日（例えば土曜日）に行った労働時間は計算に含まれます。

④ 1か月60時間を超える法定労働外時間を行った社員の健康を確保するため、引き上げ分の割増賃金の代わりに有給の休暇（代替休暇）を付与することができます。

割増率と時間外労働時間数の関係

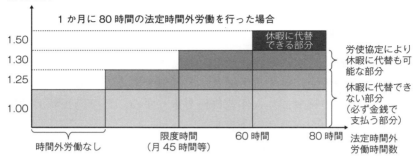

(3)　対応すべきポイント

①　法定休日の明確化

　労働条件を明示する観点や割増賃金の計算を簡便にするため、法定休日とそれ以外の休日を明確に分けておくことが望ましいです。

　法定休日とは、1週間に1日または4週間に4回の休日のことです。この法定休日に労働をさせると35%以上の割増率で割増賃金を支払わなければなりません。

　法定休日以外の休日に労働した場合には、法的には時間外労働という扱いになり、法定労働時間を超える場合には、25%以上の率で割増賃金を支払う必要があります。

②　業務改善で生産性の向上と時間外労働時間の減少を目指しましょう

　時間外労働時間そのものの削減も必要です。時間外労働時間の上限規制への対応も含めて、原則として月45時間以内、臨時的に特に必要な場合でも、月60時間以内に時間外労働を収める工夫を行いましょう。

　　　第2部　人を雇用する経営者として知っておくべき「キホンのキ」

③　賃金規程の割増率の変更が必要となります

　賃金や時間外割増賃金に関するルールについては、就業規則への記載が必要になります。就業規則の見直しにあたっては、賃金や時間外割増賃金についてしっかりと記載されているか、確認を行いましょう。

▎ 7.　年5日の年次有給休暇の時季指定義務化

(1)　制度の趣旨

　年次有給休暇（以下、「年休」という）は、一定の期間を勤務した社員に心身のリフレッシュを図ることを目的とした休暇で、休んでも賃金が保証される制度です。会社は、社員が希望する時季に年休を与えることになっています。しかし、自分だけ休むことへの後ろめたさなど職場への配慮をしてしまい会社に言い出せないなどの理由から、平均取得率が低くとどまっていました。

　この課題を解決するため、労働基準法が改正され、2019年4月から、会社の規模に関係なくすべての会社を対象に、年間10日以上の年休が付与される社員（管理監督者を含む）に対して、原則として1年間に取得する年休の日数のうち年5日に満たない日数については、会社側が時季を指定して取得させることが義務づけられ、1年間で最低でも5日は「必ず取得させなければならない」有給休暇となりました。

　これにより、令和2年の平均取得率は56.3%（令和2年「就労条件調査」による）と過去最高を記録しましたが、大企業と比較して労働環境面がうまく整っていない中小企業にとっては、今回の働き方関連法の中で一番インパクトのある内容です。

⑵ 制度の概要

　年休は原則として入社から6か月経過後に初めて権利が付与され、その後1年ごとに付与されます。日数は勤続年数に応じて法律で最低限の日数が定められており、前回の付与日から全所定労働日の8割以上出勤していることが条件となります。

1週間の所定労働時間が30時間以上および所定労働日数が5日以上の場合…正社員

勤続年数	6か月	1年6か月	2年6か月	3年6か月	4年6か月	5年6か月	6年6か月以上
付与日数	10日	11日	12日	14日	16日	18日	20日

1年間の所定労働日数が217日未満、週所定労働時間が30時間未満の場合…パートタイマー

週所定労働日数	1年間の所定労働日数	雇入れの日から起算した継続勤務期間						
		6か月	1年6か月	2年6か月	3年6か月	4年6か月	5年6か月	6年6か月以上
4日	169日～216日	7日	8日	9日	10日	12日	13日	15日
3日	121日～168日	5日	6日	6日	8日	9日	10日	11日
2日	73日～120日	3日	4日	4日	5日	6日	6日	7日
1日	48日～72日	1日	2日	2日	2日	3日	3日	3日

　5日以上の時季指定義務の対象となるのは、年休が10日以上取得できる社員（表の網掛けになっている社員）で、管理監督者やパートタイマーも含みます。

また、年休管理簿（詳細は 179 ページ参照）を作成し、3 年間保存する義務も追加されました。

⑶　対応すべきポイント

①　時季指定の取扱いについて理解し、就業規則に記載する

　5 日の時季指定義務は、年休を付与した日（基準日）から 1 年以内に時季を指定して取得させる必要があります。入社日時点で 10 日付与する場合など、法律とは別の付与日を設定している場合は、付与した日が基準日となります。

　時季指定にあたっては、会社は、社員の希望を聴取する必要があります。また、できるだけ社員の希望に沿った取得時季になるように努める必要があります。

　すでに 5 日以上の年休を取得または請求している社員に対しては、時季指定をする必要はなく、また、することもできません。

　年休を取得しやすい雰囲気づくりに取り組み、会社がわざわざ時季を指定しなくても、社員が自主的に十分な年休を取得できる環境となることが望ましいでしょう。ただし、その場合でも年休の管理を行い、定期的に取得日数の確認はするようにしましょう。

　また、休暇に関する事項は就業規則に必ず記載しなければならないため、会社が年休の時季指定を実施する場合は、対象となる社員の範囲や時季指定の方法等について、就業規則に記載する必要があります。

規定例

> （年次有給休暇）
> 第〇条
> （中略）
> 5　会社は年 10 日以上の年次有給休暇を付与される社員に対し、年
> 　5 日については基準日から 1 年以内に、社員の意見を聴いて、時季
> 　を指定して与えるものとする。ただし、本人が年次有給休暇を取得
> 　し、または第〇条の規定により計画的付与が行われた場合にはその
> 　日数を 5 日から控除する。

②　基準日を統一し、管理しやすいように変更する

　社員の人数が多く、中途入社が多くなると、それぞれに異なる付
与日（基準日）をもとに管理することが難しくなります。

　そこで、一定の基準日を設定し、社員の年休付与日を統一する会
社も多くあります。管理が大変な会社は、こうした取扱いの導入も
検討するとよいでしょう。ただし、基準日を統一するにあたっては、
付与日を後ろ倒しにすることはできず、必ず前倒しにする必要があ
ります。そのため、基準日に近い入社日の社員ほどお得になるケー
スがありますので、社員への丁寧な説明や配慮が必要です。

③　計画年休を活用してみる

　計画年休とは、会社が計画的に年休を決めて付与する制度です。
計画年休とする日数は、付与日数から 5 日を除いた日数が対象とな
ります。この計画年休で消化した年休も、時季指定義務の対象とな
る 5 日に含めてカウントすることができます。

　業務の繁閑に合わせて設定したり年末年始の休暇や夏季休暇にプ
ラスしたりするなど、活用を検討してもよいでしょう。

会社全体で休暇を取ることが難しい場合は、部署やチームごとで交替しながら年休を取る方法があります。公平感があり社員は後ろめたさを感じにくくなります。ただし、すでに公休日になっている日を計画年休に振り替えることはできませんので注意が必要です。

　また、計画年休の導入には、就業規則による規定と労使協定の締結が必要となります。

　就業規則に計画適用について定め、社員の過半数で組織する労働組合または社員の過半数を代表する者との間で書面による協定を締結し、具体的な内容を定めます。なお、この労使協定は所轄の労働基準監督署に届け出る必要はありません。

規定例

（年次有給休暇の計画的付与）

第〇条　前条（年次有給休暇）にかかわらず、各社員の有する年次有給休暇日数のうち5日を超える日数について、社員代表との書面協定によるときは、夏休み・冬休みその他の時季に計画的に与えることができるものとする。

　また、特定の日を休暇とするだけでなく、様々な工夫で年休を取りやすくしているケースもあります。

●個人有給計画表の作成…年度始めに個人別に年間の予定を入れる

●チームでの業務推進…チーム内での情報共有、業務分担することによって年休を取得しやすい職場づくりをする

●ジョブローテーション…複数業務を体験させることで個々の従業員の対応可能な業務を増やし、代わりとなる人員を確保して年休を取得しやすくする

年次有給休暇の計画的付与に関する労使協定（例）

年次有給休暇の計画的付与に関する労使協定

○○株式会社と社員代表□□　□□とは、年次有給休暇の計画的付与に関して次のとおり協定する。

1. 会社は社員が有する年次有給休暇（以下、「年休」という）のうち5日を超える部分について、6日を限度として計画的に付与するものとする。なお、その有する年休の日数から5日を差し引いた日数が6日に満たないものについては、その不足する日数の限度で特別有給休暇を与える。
2. 年休の計画的付与の期間およびその日数は、次のとおりとし、年休付与計画表に定める。
3. 夏季＝7月～9月の間で3日間　年末年始＝12月～翌年1月の間で3日間
4. 各個人別年休付与計画表は、各期の期間が始まる2週間前までに会社が作成し、周知する。
5. 業務遂行上やむを得ない事由のため指定日に出勤を必要とするときは、会社は社員代表と協議のうえ、定められた指定日を変更するものとする。

202△年△月△日

　　　　　　　　　　　　　○○株式会社 代表取締役　○○　○○
　　　　　　　　　　　　　○○株式会社 社員代表　□□　□□

④ 年休管理簿を作成する

　社員ごとに年休を管理するための書類で、年休を与えた期間中および満了後３年間保存する必要があります。

　記載する必要のある事項は、次の３点です。

ア　時季（年休を取得した日）

イ　日数（年休を取得した日数）

ウ　基準日（社員に年休を取得する権利が生じた日）

　他には、入社年月日、有効期間、前年度繰越日数、今年度付与日数、残日数、請求等の種別（会社指定、本人請求、計画年休）なども記載しましょう。

年次有給休暇管理簿兼計画表（例）

年次有給休暇管理簿兼計画表　2021　年度
年度始月　4　月　　　　　　　　　　　　　　　　　　　　　　　営業部

氏名	保有日数 4月時点	付与日 新規付与日数		4 月	5 月	6 月	～	2 月	3 月
年休　太郎	12 日	2021 年 10 月 1 日	取得予定日			11			
		18 日	取得日		17	11,23			4
2015年4月1日 入社		（繰越予定日数 12 日）	残日数	12 日	11 日	9 日		17 日	16 日
	日	日	取得予定日						
			取得日						
入社		（繰越予定日数　日）	残日数	日	日	日		日	日
	日	日	取得予定日						
			取得日						
入社		（繰越予定日数　日）	残日数	日	日	日		日	日
	日	日	取得予定日						
			取得日						
入社		（繰越予定日数　日）	残日数	日	日	日		日	日
	日	日	取得予定日						
			取得日						
入社		（繰越予定日数　日）	残日数	日	日	日		日	日
	日	日	取得予定日						
			取得日						
入社		（繰越予定日数　日）	残日数	日	日	日		日	日

⑷ 休みやすい環境づくりに向けた検討

　様々な休暇制度を導入し、社員が休みやすい体制を構築している会社もあります。自社においても、こうした制度の導入ができないか検討してみるとよいでしょう。

- 大型連休化…年末年始やお盆の時期に組み合わせて使える休暇を創設
- ブリッジホリデー…GW など休日が飛び石となっている場合に休日の橋渡しをする休暇を創設
- アニバーサリー休暇…社員本人・家族の誕生日、結婚記念日などの記念日休暇を創設
- その他の休暇制度…「ボランティア休暇」やユニークなものとして「祭りだ！わっしょい休暇」など

取組み事例

　第1部で紹介した会社の中でも年休の取得率向上に取り組んだ事例がいくつも見られます。社員のライフワークバランス向上のため、また、社員が十分な休養をとり生産性を向上させるためにも、各社が力をいれて取り組んでいる様子が読み取れます。

株式会社山田製作所 P47〜P54	システムの導入や能力開発目標設定による業務効率化、計画的付与の導入や、年休取得計画表および実績表の導入などにより取得率を向上させた事例
有限会社京美容室 P55〜P62	降雪の多い地域性を活かし、年休やシフトを工夫することで長期連続休暇の取得を実現した事例

株式会社ユーワークス P75〜P82	IT を利用したスケジュール共有に、各社員の家庭行事などについても記載してもらうことで、スムーズに年休を取ることができるようになった事例
株式会社オーザック P83〜P92	仕事の見える化や多能工化の推進、職場改善委員会の設置など、業務効率化によって平均年休取得率を向上させた事例
拓新産業株式会社 P93〜P102	会社からの呼掛けを徹底することで、「有給休暇はすべて取得するのが当たり前」という社員の意識改革を進めた事例
野水鋼業株式会社 P103〜P110	長期病気休業に備えるなどの年休積立保存制度を導入することで、年休取得率を向上させた事例

8. 最低賃金

(1) 制度の趣旨

新型コロナウイルス感染症の感染拡大の影響で、2020 年の最低賃金引上げは 0.1 ％にとどまりましたが、2021 年 3 月 22 日の経済財政諮問会議で次のように方針が示されています。

現在春闘は、業種によってばらつきがあるが、全体で 1 ％台後半の賃上げとなっている。このモメンタムを中小企業や地方に広げ、非正規労働者の処遇改善といった構造的課題にも答えを出すため、最低賃金をより早期に全国平均 1,000 円とすることを目指す。骨太の方針までにしっかり議論する。

(出典) 令和 3 年 3 月 22 日令和 3 年第 3 回経済財政諮問会議議事要旨

1,000円までの引上げを急ぐ理由は、内需喚起のための所得の向上などがありますが、他に日本の最低賃金が欧米諸国と比較して低いことが挙げられます。オーストラリア、ドイツ、フランス、イギリス、韓国より低い金額となっています。

　地域別最低賃金を下回る支払いは、罰則として50万円以下の罰金と定められています。最低賃金を上回っているかどうかの確認は、支払われる賃金の形態によって複雑な計算を必要とするケースがあります。

(2)　制度の概要

①　地域別最低賃金と特定最低賃金

　地域別最低賃金は都道府県ごとに定められ、年齢や性別、正社員、契約社員、パートタイマー、学生アルバイト、嘱託などの雇用形態や呼び方にかかわらず原則としてすべての社員に適用されます。

　特定最低賃金は、各都道府県の特定の産業で、地域別最低賃金よりも高い賃金を定めることが必要と認められる産業について設定され、特定産業の基幹的社員（18歳未満65歳以上、技能習得中、軽易な業務に従事する社員は除かれます）に適用されます。地域別最低賃金と特定最低賃金の両方が適用される場合は、高いほうの最低賃金を支払う必要があります。

　最低賃金の対象となる賃金は、毎月支払われる基本的な賃金です。具体的には、実際に支払われる賃金から次の賃金を控除したものが最低賃金の対象となります。

- ● 臨時の賃金……結婚手当など
- ● 1か月を超える期間ごとの賃金……賞与など
- ● 時間外割増、休日割増、深夜割増賃金など
- ● 精皆勤手当、通勤手当、家族手当

特に、固定残業代を導入している会社では、注意が必要です。固

定残業代や、精皆勤手当、通勤手当、家族手当などは労働の対価としての賃金ではないとみなされ、最低賃金の対象には原則として入りませんので、それ以外の基本給と諸手当で最低賃金を上回っていることを確認しましょう。

②　賃金が最低賃金額以上となっているかの確認方法

最低賃金の対象となる賃金額と適用される最低賃金額を、以下の方法で比較します。

ア　時間給制の場合
時間給≧最低賃金額（時間額）

イ　日給制の場合
日給÷1日の所定労働時間≧最低賃金額（時間額）

ただし、日額が定められている特定（産業別）最低賃金が適用される場合には、

日給≧最低賃金額（日額）

ウ　月給制の場合
月給÷1か月平均所定労働時間≧最低賃金額（時間額）

エ　出来高払制その他の請負制によって定められた賃金の場合
出来高払制その他の請負制によって計算された賃金の総額を、当該賃金計算期間に出来高払制その他の請負制によって労働した総労働時間数で除して時間あたりの金額に換算し、最低賃金額（時間額）と比較します。

オ　上記ア～エの組合わせの場合
例えば、基本給が日給制で、各手当（職務手当など）が月給制などの場合は、それぞれ上記イ、ウの式により時間額に換算し、それを合計したものと最低賃金額（時間額）を比較します。

(3) 対応すべきポイント

① 毎年10月に最低賃金の確認を行う

　最低賃金は、毎年10月に改定があります。改定に気づかず、知らないうちに最低賃金違反になってしまうこともありがちです。このようなことが起きないよう、毎年必ずチェックし、社員全員が最低賃金を上回っていることを確認しましょう。

② 昇給基準の明確化

　社員の昇給が最低賃金の改定に合わせて場当たり的に行われてしまうのであれば、それも問題があります。評価制度の導入など、社員の納得性の高い賃金・昇給制度の導入を検討しましょう（評価制度の考え方は第3章で紹介）。

③ 付加価値・生産性の向上

　社員の賃金を上げるには、原資が必要になります。社員の賃金の源泉は会社が生み出す付加価値といえます。つまり、社員の賃金を上げるためには付加価値の向上がどうしても必要になります。

　付加価値を向上させるためには・経営理念・10年ビジョン・経営方針を明確にし、実現のための計画を作成する必要があります。こうした経営指針をもとに、社員とともに付加価値の向上と働く環境づくりに取り組んでいきましょう（第3部第3章でこのテーマについてより詳しく解説）。

取組み事例

　最低賃金の引上げは、会社にとって頭の痛い問題であることは事実です。しかし、同時に賃金を経費として捉え、圧縮することを良しとする考え方は、人を生かす就業規則の観点からも、会社の維持・発展の観点からも、危険な考え方といえます。

　第1部で紹介した会社も、社員の採用と定着のため、成長と能力の発揮に連動し、生活を十分に維持できる賃金体系を構築することに大変な努力を払っています。

株式会社タナベ刺繍 P63〜P74	社員とともに評価制度を作成し、収益構造の向上とともに、賃金水準の向上を実現した事例
株式会社ヒロハマ P111〜P120	職能資格制度を導入し、すべての業務を洗い出し、職能資格表を作成することによって、本人の技能に応じて賃金が決定する制度を導入した事例
株式会社吉村 P121〜P130	残業代以外の給与を「投資」と捉え、会社の存続と発展のために欠かせない出費として、経営計画でも手をつけないとした事例
株式会社 エイチ・エス・エー P131〜P141	社員の役割と賃金について、エントリー制を導入し、本人の希望と昇格・昇給試験等によって、決定する制度を導入した事例

▎9.　テレワーク

(1)　制度の趣旨

　テレワークは、「ICT（情報通信技術）を活用し、時間や場所を有効に活用できる柔軟な働き方」です。例えば、インターネットな

どのICTを利用することで、本来勤務する場所から離れても、自宅やサテライトオフィス、カフェなどで仕事をすることができます。

2020年度の「テレワーク人口実態調査」（2021年3月19日国土交通省発表）の結果では、勤務先に「テレワーク制度等が導入されている」と回答した人の割合は38.8%と前年度19.6%に比べ大幅に上昇しており、そのうちテレワークを実施したことがあると回答した人の割合は50.9%でした。他方、店舗の店員、宅配ドライバー、美容師、医療関係者など人に関わる職種や、建設業現場や製造現場の作業員などは導入が困難となっています。

テレワークには、働き方の多様化・多様な人材の確保や、IT導入に伴う生産性の向上、BCP対策などのメリットもあり、導入可能な会社においては導入を検討する価値は大いにあるでしょう。

(2)　制度の概要

テレワークには次の3つの種類があります。テレワーク導入の目的に合わせて、導入の体制を検討しましょう。

①　在宅勤務

所属するオフィスに出勤せず自宅を就業場所とする働き方です。

②　サテライトオフィス勤務

所属するオフィス以外の自宅に近いオフィスや遊休施設や空き家など、会社が用意する施設、複数の会社がシェアして利用するオフィススペースなどを就業場所とする働き方です。

③ モバイル勤務

　移動中のスペース（交通機関の車内など）やカフェ等を就業場所とする働き方です。営業など頻繁に外出する業務の場合に有効です。

(3) 対応すべきポイント

　社員に通信費用や電気代を負担させるなど、オフィス勤務では生じないことがテレワークに限って生じる場合があり、その場合には、就業規則の変更が必要となります。また、導入に際してフレックスタイム制が必要とされるケースもあり、その場合も就業規則の変更が必要です。

　一般的に、テレワークを導入する場合、就業規則に次のことを定める必要があります。

①テレワークを命じることに関すること（テレワークの種類、対象者、許可申請等）

②テレワーク用の労働時間を設ける場合、その時間に関することや出退勤の管理方法

③通信費などの負担に関すること

　就業規則の変更については、テレワークに関する定めを就業規則本体に盛り込むか、あるいは新たに「テレワーク規程」を作成します。わかりやすさという観点からは、「賃金規程」や「退職金規程」と同じように「テレワーク規程」を就業規則とは別規程として作成したほうがよいでしょう。

　また、テレワークでは就業場所が変わるため、労働条件に変更が生じます。労働条件の変更がある場合、その内容を社員に明示することが義務とされています。特に、在宅勤務を行わせる場合には、「就業の場所」として社員の自宅を明示した労働条件通知書を交付する必要があります。

テレワーク規程を別規程とする場合の就業規則の記載例

(適用範囲)

第3条 この規則は、○○株式会社の社員に適用する。

2 非正規社員の就業に関する事項については、別に定めるところによる。

3 前項については、別に定める規則がない事項は、労働条件については個別の労働条件通知書、その他の事項についてはこの規則を適用する。

4 社員のテレワークに関する事項については、この規則に定めるもののほか「テレワーク規程」に定めるところによる。

テレワーク規程に盛り込む内容

① テレワークの定義
在宅・サテライト・モバイル等の勤務する場所、使用する機器などを含む

② テレワークの対象者
許可申請のタイミングや方法等、取扱いに関するルールを含む

③ テレワーク時の服務規律（就業規則の遵守事項等に別規程である旨を記載）
- 持ち出した会社の情報や作成した成果物の取扱い、保管・管理
- 業務専念義務
- 就業場所の制限（在宅勤務の場合、自宅以外での勤務の禁止等）
- セキュリティルールの遵守

④ テレワーク時の労働時間、休憩時間、出社日の指定
- 適用する労働時間制（就業規則への定めも必要）
- フレックスタイム制、事業場外みなし労働時間制を導入する場合、その内容
- （出社日を設ける場合）あらかじめ出社すべき曜日など

⑤ テレワーク時の所定休日

⑥ テレワーク時の時間外労働（事前許可制の有無など）

⑦　**テレワーク時の出退勤管理・業務報告**
- 勤務の開始・終了の報告（電話、電子メール、勤怠管理ツールなど）
- 業務報告（報告の時期、進捗状況などについて）

⑧　**テレワーク時の賃金・費用負担・情報通信機器等の貸与の範囲など**
- 通信機器（パソコン・スマートフォン等）の貸与の有無や範囲
- 在宅勤務手当を支給する場合、その内容（水道光熱費、通信回線費用の負担相当額として）
- 費用負担の取扱い（プリンタ、郵送費、事務用品費、消耗品費など）
- 貸与パソコンの使用制限（ソフトウエアのインストール、データのダウンロードなど）
- 通勤手当（通勤頻度による通勤定期券の負担の有無や実費精算する場合への移行の取扱いなど）

⑨　**テレワーク時の連絡体制**
- 事故・トラブル発生時の連絡の取扱い
- 緊急時の連絡方法
- 社内報など回覧物の送付方法

取組み事例

コロナ禍をきっかけに、在宅勤務を採用する会社が激増しました。しかし、テレワークは、単に BCP 対策としてだけでなく、柔軟な働き方としても注目されており、コロナ禍の収束後も継続していこうという会社や、そもそもコロナ前から取り組んでいる会社もあります。

株式会社ユーワークス P75〜P82	コロナ禍を機にテレワークでの在宅勤務を採用し、海外に移住する社員なども出てきている事例
株式会社オーザック P83〜P92	社員の結婚を機に在宅ワーク制度を導入し、遠方に引っ越した社員にも継続的に働いてもらっている事例

10.　副業・兼業

(1)　現状と方向性

　昨今、政府は「副業・兼業の促進に関するガイドライン」を策定・改定するなど、副業・兼業を推進する方針を示しています。労働力人口が減少する中で、労働力のより柔軟な運用を進めるとともに、多様なキャリア構築の機会を増やす意図もあるものと思われます。

　これまで、多くの会社では会社の許可なく副業・兼業を行うことを認めていませんでした。厚生労働省のモデル就業規則でも、遵守事項の規定に「許可なく他の会社等の業務に従事しないこと」とありました。しかし、2018年1月版以降「労働者は、勤務時間外において、他の会社等の業務に従事することができる」と変更されています。

(2)　制度の概要

　上記ガイドラインや裁判例では、社員が労働時間以外の時間をどのように利用するかは基本的に社員の自由とされており、制限することが許されるのは、次の4つの場合に限定されると考えられています。
●労務提供上の支障がある場合
●業務上の秘密が漏洩する場合
●競業により自社の利益を害する場合
●自社の名誉や信用を損なう行為や信頼関係を破壊する行為がある場合

　今後、会社としては上記のような事情がなければ、原則として、副業・兼業を認める方向で検討することが求められるでしょう。

　しかし、労働時間の把握や社員の健康管理など課題も多く、会社としても悩ましい問題です。社員と会社、それぞれのメリットや留

意点を慎重に検討したうえで、会社としての対応方針を立てる必要があるでしょう。

	社員	会社
メリット	①　離職せずとも別の仕事に就くことが可能となり、スキルや経験を得ることで、労働者が主体的にキャリアを形成することができる ②　本業の所得を活かして自分がやりたいことに挑戦でき、自己表現を追求することができる ③　所得が増加する ④　本業を続けつつ、よりリスクの小さい形で将来の起業・転職に向けた準備・試行ができる	①　労働者が社内では得られない知識・スキルを獲得することができる ②　労働者の自律性・自主性を促すことができる ③　優秀な人材の獲得・流出の防止ができ、競争力が向上する ④　労働者が社外から新たな知識・情報や人脈を入れることで、事業機会の拡大につながる
留意点	①　就業時間が長くなる可能性があるため、労働者自身による就業時間や健康管理が必要 ②　職務専念義務、秘密保持義務、競業避止義務を意識することが必要 ③　1週間の所定労働時間が短い業務を複数行う場合には、いずれも雇用保険等の適用がない場合があることに留意が必要	必要な就業時間の把握・管理や健康管理への対応、職務専念義務、秘密保持義務、競業避止義務をどう確保するかという懸念への対応が必要

（出典）厚生労働省「副業・兼業の促進に関するガイドライン（令和2年9月1日改定）」より一部引用

(3) 対応すべきポイント

① 就業規則において副業・兼業する場合の取扱いを定める

　健康管理上の必要性や機密保持の観点などから、副業を禁止する場合のルールを定め、就業規則に明記する必要があります。また、副業・兼業先の情報、業務内容、労働時間（通算する場合の時間数を把握する方法）、雇用期間などを整理し、就業規則等で明確にしましょう。就業規則とは別の規程として定めてもよいでしょう。

② 会社と社員の双方で社会保険加入について確認する

　労災保険については、本業と副業・兼業先の賃金を合算して給付を算定すること、雇用保険は、生計を維持するに必要な主たる賃金を受ける雇用関係のみ被保険者となるなど、特に保険関係については、よく確認しておくとよいでしょう。

　また、2022年1月から65歳以上の社員本人からの申出により、1つの雇用関係では被保険者要件を満たさない場合に他の会社の労働時間を合算して雇用保険を適用する制度が試行的に開始されます。

　どちらの職場で社会保険の被保険者要件を満たし、加入するかの確認も必要です。いずれの職場でも短時間勤務となると、社会保険に加入できない場合もあります。逆に両方の職場で被保険者要件を満たす場合、2以上の事業所勤務として、双方の賃金額を合算して、それぞれの会社で按分して保険料を支払うこともあります。

③ 健康管理について

　労働時間の把握とともに、健康管理体制についても検討が必要です。健康診断の取扱い（回数など）を再検討してみるとよいでしょう。

11. ハラスメント防止対策の義務化
（中小企業は 2020 年 6 月 1 日〜努力義務、2022 年 4 月 1 日〜義務）

(1)　制度の趣旨

　職場におけるハラスメントは、個人の尊厳を傷つけ、職場秩序を大きく損なうものとして、社会的にも重大な問題として扱われています。これまでもハラスメント防止に向けた対策が進められてきましたが、労働施策総合推進法が改正され、会社に対しパワーハラスメント防止の対策が義務づけられました。

　併せてセクシシュアルハラスメントやマタニティハラスメント等についても、会社や社員の責務が明確化されるなど、防止対策の強化が図られました。

(2)　制度の概要

　職場におけるパワーハラスメントは、職場において行われる、①優越的な関係を背景とした言動であって、②業務上必要かつ相当な範囲を超えたものにより、③社員の就業環境が害されるもの、とされます。客観的に見て、業務上必要かつ相当な範囲で行われる適正な業務指示や指導については、職場におけるパワーハラスメントには該当しません。

　改正労働施策総合推進法により企業がとるべき措置は、次のとおりです。

パワーハラスメント防止のために講ずべき措置（義務）

事業主の方針等の明確化およびその周知・啓発
① パワーハラスメントの内容・パワーハラスメントを行ってはならない旨の方針を明確化し、管理監督者を含む労働者に周知・啓発すること
② パワーハラスメントの行為者に厳正に対処する旨の方針・対処の内容を就業規則等の文書に規定し、管理監督者を含む労働者に周知・啓発すること

相談に応じ、適切に対応するために必要な体制の整備
① 相談窓口をあらかじめ定め、労働者に周知すること
② 相談窓口担当者が相談内容や状況に応じて適切に対応できるようにすること

職場におけるパワーハラスメントに係る事後の迅速かつ適切な対応
① 事実関係を迅速かつ正確に確認すること
② 速やかに被害者に対する配慮のための措置を適正に行うこと[注1]
③ 事実関係の確認後、行為者に対する措置を適正に行うこと[注1]
④ 再発防止に向けた措置を講ずること[注2]
　（注1）事実確認ができた場合
　（注2）事実確認ができなかった場合も同様

そのほか併せて講ずべき措置
① 相談者・行為者等のプライバシー[注3]を保護するために必要な措置を講じ、その旨労働者に周知すること
② 事業主に相談したこと、事実関係の確認に協力したこと、都道府県労働局の援助制度を利用したこと等を理由として、解雇その他不利益取扱いをされない旨を定め、労働者に周知・啓発すること
　（注3）性的指向・性自認や病歴、不妊治療等の機微な個人情報も含む

労働者の責務

社員の責務
① ハラスメント問題に関する関心と理解を深め、他の労働者等に対する言動に注意を払うこと
② 事業主の講ずる雇用管理上の措置に協力すること

（出典）厚生労働省「2020年6月1より、職場におけるハラスメント防止対策が強化されました！」をもとに作成

⑶　対応すべきポイント

①　経営者の理解、会社の方針と社内への周知方法

　経営者の意識や姿勢は、会社に大きく影響します。経営者自らが職場におけるハラスメントが重大な問題であることを理解し、社内に示す必要があります。必要に応じてセミナーへの参加など学習を深めるとよいでしょう。

　そして、会社として「職場におけるハラスメントを絶対許さない」ことを明確に打ち出すことです。会社の姿勢・方針を明確に社員に伝え、ハラスメントは重大な問題であることの意識を喚起することで、未然防止につながります。

　周知方法としては、就業規則や社内報への記載、パンフレットの掲示・配付、朝礼や会議などでの周知があります。

　周知する内容としては、ハラスメント防止の目的、定義や概念、ハラスメントとみなされる典型例、相談窓口や苦情処理の説明、懲戒処分の内容、プライバシーの保護、苦情申出者に対する不利益処分の禁止などがあります。

②　教育・研修の実施

ア　管理監督者向け

　管理職は、職場でハラスメントの防止を指導すべき立場の社員ですが、一般的に加害者となることが多い社員でもあります。管理職自らが決してハラスメントを行わないよう、また、職場におけるハラスメントを防止する責任者として、他の社員より念入りな教育・研修が必要になります。

　どのような行為がハラスメントにあたるのか、会社としてハラスメントに対しどのような方針を示し、対応を行うのか、そして、管理職として求められる役割と責任とは何か等を内容として、研修を

行う必要があります。

イ　一般社員向け

　個々の一般社員に対する教育・研修では、自分が加害者とならないためにどのような行為がハラスメントにあたるのかを理解してもらうとともに、自分が被害者になったときに会社にどのような対応をしてもらえるのかが理解できる内容にしましょう。また、職場の一員として、自身が当事者でない場合でもハラスメントが職場の問題であるという意識を持てるようにすることや、ハラスメントの存在を知ったときの対処の仕方も知っておく必要があります。

賃金制度の考え方

1. 自社のあるべき賃金制度とは

　社員の賃金をどうするかで悩んだことのない経営者はいないでしょう。賃金の水準、基本給と手当の構成、割増賃金の考え方、評価制度や賃金テーブル、そして賞与と退職金。考えるべきことは多岐にわたります。

　しかし、どれほど悩んでも、おざなりにはできないのが賃金というものです。そもそも、労働の対価として賃金を支払うということが、雇用契約の根本です。

　社員にとっても納得性の高い賃金制度を構築することは、社員の採用・定着の要であり、会社の業績にも大きく関わる重要事項です。

　この章では、賃金について就業規則でどのように定めるか、また自社の賃金制度を定めるにあたってどのようなことを考えればよいかを、解説していきます。

2. 賃金規程に規定すべき内容

　賃金は、当然就業規則に記載すべき内容であり、労働基準法でも記載が義務づけられています。

　就業規則本体とは別に、「賃金規程」として作成している会社も多くあります。まずは、一般的に定める内容を確認しましょう。

賃金規程で定めるべき内容

賃金の構成	・多くの会社で、基本給の他に通勤手当や割増賃金その他の各種手当に分けて支給している。就業規則では、これらの手当等の種類と支給基準を明確にする
基本給および各手当の決定	・基本給や手当は何を元に決定するのかを明らかにする ・（基本給の場合）年齢や職務内容、技能、勤務成績、評価など、決定にあたって考慮される要素を明確にする ・（手当の場合）対象者、手当の額や額を決定するときに考慮する要素を明確にする
割増賃金	・法定時間外労働が発生した場合に支給する残業代の割増率をどのように設定するのかを明確にする
休暇・休業等における賃金の取扱い	・就業規則で定めた、年休や特別休暇、産前産後休暇、育児休業や介護休業、その他休業等の際の賃金支給の有無、支給する場合はどのように支給するのか等を明確にする
会社都合休業の賃金	・会社都合の休業として、労働基準法に定める平均賃金の 60% 以上の賃金を支給する場合の賃金をどのように計算して支給するのかを明確にする
欠勤等の取扱い	・欠勤や遅刻、早退などの場合の、日割計算および時間割計算の計算式について明確にする
計算期間および支払日	・賃金の締め日と支払日を明確にする
賃金の支払いと控除	・賃金の支払いを現金手渡しとするか、口座振込みとするかを規定する （原則として現金手渡しによるものと法律で定められているため、銀行振込みによる場合はその旨を就業規則に記載し、労使協定を結んだうえで社員の個別の同意を得る必要あり） ・源泉所得税、住民税、社会保険料、雇用保険料等、給与から控除するものを明確にする

	（これらの法律で控除することが定められているもの以外、例えば社員旅行の積立金などを控除する場合には、就業規則にその旨を記載し、労使協定を結ぶ必要あり）
賃金の非常時払い	・出産、疾病、被災、結婚、死亡、やむを得ず1週間以上帰郷する場合、既往の労働に対する賃金を支払日前に支払う旨を明記する （一定の場合には、賃金支払日前であっても、それまでの労働に対する賃金を支払う必要あり）
昇給の時期および方法	・昇給をいつ行うのか、どのような要素を考慮して昇給額を決定するのかを明確にする
賞与	・賞与を支払う場合には、支払時期、算定期間や対象者、賞与額の決定方法などを明確にする
退職金	・退職金を支払う場合には、支払時期、支払方法、対象者、退職金額の決定方法などを明確にする

　このように、最低限定める内容だけでも多岐にわたります。しかし、規程に記載する内容として検討するだけではなく、そもそも自社に適した賃金制度とはどのようなものであるかを検討しなければ、納得性の高い制度にはなりません。ここからは、様々な角度から賃金について検討していきます。

3. 賃金水準の決め方

(1) 社会的な賃金水準

　自社の賃金が高いのか安いのか、何となくはわかるけれど、正確には答えられない経営者も多いでしょう。
　自社の地域・業種での賃金水準を確認するには、厚生労働省が毎年発表している「賃金構造基本統計調査」や、各都道府県が発表し

ている統計（毎月勤労統計調査地方調査結果等）を確認するとよい
でしょう。また、毎年10月に改定される最低賃金の確認も必要です。
毎年の確認を怠ると、知らずしらずの内に最低賃金法に違反してし
まう可能性もあります。

　社員の生活を守ることも、経営者の責任の一つです。最低賃金を
上回っている場合でも、社員の家族構成によっては、「貧困線」を
下回る生活費しか支給できていないケースもあり得ます。

　貧困線とは、世帯の可処分所得を世帯人数に応じて調整した値の
中央値を半分にした額をいいます。つまり、世帯人数に応じて調整
した生活費が一般的な家庭の半分に満たない世帯を、相対的貧困世
帯とする考え方です。

　具体的には、世帯人数に応じて、世帯可処分所得が概算で次の額
を下回る場合には相対的貧困世帯となります。世帯可処分所得とは、
世帯を構成する全員の賃金から税金や社会保険料などを引いた手取
り額を合計したものと考えてよいでしょう。

世帯人数	1人	2人	3人	4人	5人	6人
世帯 可処分所得	122万円	173万円	211万円	244万円	273万円	299万円

　もちろん、各人の資産などによりこれを下回る世帯が必ず貧困世
帯となるわけではありませんが、自社の社員が相対的貧困世帯とな
らずに人並みの生活ができる賃金を支払いたいというのは、経営者
共通の思いではないでしょうか。特に子どもがいる世帯に対して
は、「子どもの貧困率」として、政府や世間も注目しています。次
代を担う子どもたちに十分な生活と教育を与えられるようにするこ
とは、国民全員の課題であり、経営者としても取り組むべきことと
いえるでしょう。

　社員に長く働いてもらうためには、こうした社員の年齢に応じた
必要生活費の水準についても配慮する必要があるでしょう。

(2) 物価の動向

　賃金水準を検討するにあたっては、物価の動向にも注意が必要です。バブル期前のように物価が上がり続け、年によっては 10% 以上、最大で 23% ほども上がる状況は、現在の社会情勢ではあまり心配されませんが、消費税や社会保険料などの増大は、家計に大きな影響を与えています。

　経営者としては毎年、物価上昇率、税金や社会保険料等の状況を確認し、賃金水準への影響について検討しておく必要があるでしょう。

(3) 会社における実際的な支払能力・力量

　世間一般の水準はあるにせよ、会社としての実際的な支払能力というものもあります。いくら社員に高い賃金を払いたくても、会社として利益を上げられる状況になければ、賃金を上げることは大変に難しいでしょう。

　自社における支払い能力を確認するには、次の指標を確認するとよいでしょう。

① 労働分配率

　一つには、労働分配率です。

　労働分配率とは、粗利益に占める人件費の割合です。人件費は、中小企業においては役員の報酬も含め、賃金・賞与・保険料など福利厚生費も含めた人件費全体と考えてよいでしょう。業種にもよりますが、一般的には労働分配率が 60% を超えると、赤字か、赤字ぎりぎりの会社になります（専門サービス業や飲食業など、一部業種は労働分配率が高い傾向にあります）。

　中小企業では、労働分配率を 50% 以下に抑えなければ、利益を

出し、借入金元本を返済することは難しいでしょう。さらに未来への投資を行うのであれば、より低い数値に抑えなければなりません。

②　人時生産性

　労働分配率は低く、1人あたり人件費額は高くするよう、付加価値の高い仕事を目指すことが大切です。

　付加価値の高い仕事になっているかを確認するには、自社の生産性について把握することが必要です。そのためには次の算式で「人時生産性」を計算するとよいでしょう。

人時生産性 ＝ 粗利額 ÷ 年間の総労働時間

　一般的な粗利額を社員数で割って算出する労働生産性では、一見高い水準に見えても、時間外労働時間などが多く、実際の時間あたりの生産性が低くなっている可能性があります。

　年間の粗利額は、決算書を確認すればわかります。社員の年間の総労働時間は正確な数字を把握する義務が会社にありますので、タイムカードなどを元に総労働時間を出すとよいでしょう。社長や役員など、労働時間を把握していない方についても、概算である程度の時間数を出して計算に含めましょう。

　人時生産性も業種により差がありますが、中小企業では一般的には5,000円以上を目標にするとよいでしょう。なお、粗利額を社員数で割って算出する労働生産性では、年間1,000万円以上が目安となるでしょう。これは、右の計算から導かれる数字です。

　付加価値を生み出すもとは、事業構造や施設・設備、研究開発等様々ありますが、社員もまた付加価値の重要な源泉です。社員に対して十分な分配を行わなければ、会社が付加価値を生み出す力も衰えていくでしょう。

　そのうえで、経営者は自社にある経営資源をフル活用して、付加

人時生産性目標 5,000 円とは、労働生産性 1,000 万円を時間外労働なしの年間所定労働時間内で達成するための額です。
【計算の考え方】
年間所定労働日数＝ 365 日－土日（104 日）－祝日（16 日）－夏季・年末年始（5 日）＝ 240 日
年間所定労働時間＝ 240 日× 8 時間＝ 2,040 時間
目標労働生産性 1,000 万円÷ 2,040 時間＝約 4,900 円

価値の高い仕事を生み出す必要があります。社員が創造性を持って自発的に働く環境をつくり出すことも、経営者の重要な役割といえます。
　　第 1 部の事例を見てもわかるとおり、会社が高い付加価値を生み出すためには、新しい事業への挑戦も必要です。事業構造自体を転換するためには、大きなエネルギーが必要であり、社員の多大な協力も必要です。その力を生み出すためにも、社員が会社の中で自身の将来を展望することができ、創造的な仕事を行える環境づくりに取り組みましょう。そのためには、まず経営指針の作成から始めるとよいでしょう。

4. 賃金決定要素と賃金制度

　　賃金を決定する要素は、大きく分けると、概ね次の 5 つに分けられます。実際には、どれか一つを重視する会社は少なく、複数の要素を組み合わせて賃金制度を構築している会社がほとんどでしょう。

重視する要素	具体的内容	反映される賃金の種類	反映される手当の種類
年齢	本人の年齢や在職期間	年齢給・勤続給	
環境	配偶者や扶養家族の有無、世帯主、住宅などの生活環境	年齢給	家族手当・住宅手当
能力	職務遂行能力や社会人能力	職能給	職能手当・技能手当
職務	職務内容や責任・役割	職務給	職務手当・役職手当
成果	業績や営業成績、目標達成度	成果給・歩合給	歩合給

賃金決定要素の重視度と賃金制度設計の例

(1) 年齢要素重視タイプ

重視度	年齢	環境	能力	職務	成果
	4	3	3	3	1

（このタイプに多い支給イメージ）

・ 基本給は、基本的に年齢給・勤続給（年齢・勤続年数）を採用し、年齢に応じて昇給するが、成績評価に応じて昇給幅の調整が行われる。

・ 通勤手当の他、扶養する子の人数に応じて少額の扶養手当を支給するとともに、世帯主に対して住宅手当も支給（環境）。

・ 役職に合わせた役職手当を支給（職務）。

・ 賞与は年に2回、基本給に応じた額を基準に支給。

(2) 能力要素重視タイプ

重視度	年齢	環境	能力	職務	成果
	2	2	4	3	3

（このタイプに多い支給イメージ）

- 基本給は、職務能力・社会人能力・目標達成度を図る。評価制度（能力・成果）を導入し、評価によって毎年（年齢）の昇給額が決定する。
- 通勤手当の他、扶養する子の人数に応じて少額の扶養手当を支給（環境）。
- 役職に合わせた役職手当を支給（職務）。
- 年度末には業績と個人の貢献度に応じて決算賞与を支給（成果・職務）。

(3) 職務要素重視タイプ

重視度	年齢	環境	能力	職務	成果
	0	1	3	4	0

（このタイプに多い支給イメージ）

- 基本給は職務内容と、職務内容ごとに設定された能力等級に基づいて決定（職務・能力）。
- 上限を定め通勤手当を支給（環境）。
- 賞与の支給は行わない。

(4) 成果要素重視タイプ

重視度	年齢	環境	能力	職務	成果
	0	1	3	3	4

（このタイプに多い支給イメージ）

- 基本給は前年度の成績評価に応じて洗い替え式で決定、歩合給制度あり（能力・成果）。
- 上限を定め通勤手当を支給（環境）。
- 管理職には管理職手当を支給（職務）。
- 年度末には、業績と個々人の成績に応じて決算賞与を支給（成果・職務）。

5. 基本給の決め方

　基本給とはその名のとおり、賃金の中でも毎月定額が支払われる、基本となる賃金です。しかし、何をもって基本給を決めるのかは、会社によって異なります。まず自社が社員と賃金についてどのような考え方を持っているのかを明確にすることが大切です。社員が高いモチベーションを持って働くには、成果をあげたときにどのように報いるのか、職務内容や責任をどのように評価するのか、社員に対する思いを込めた基本給を設定する必要があるでしょう。説明できなければ、会社と社員双方が納得できる賃金制度にはならないでしょう。

　基本給の決め方は前出の重視する賃金決定要素と紐づいているので、以下、タイプ別に紹介します。

(1)　年齢要素重視タイプ・(2)　能力要素重視タイプ

　年齢給は、社員に長く働いてもらい、人生の中で必要な生計費に合わせて賃金を上げていくという考え方のもと、基本給を定めます。社員の定着と生活の安定という意味では、効果的な制度といえるでしょう。

　反面、年齢給では社員一人ひとりの能力や成果が賃金に反映されず、能力が高く成績の良い社員からは不満が出ることもあります。そのため、年齢に応じた昇給もするけれど、発揮した能力に応じて昇給幅を調整しよう、というのが職能給です。毎年の成績評価に応じて昇給額を調整することで、能力の高い社員が、年齢見合いの賃金より高い賃金を得ることができます。

(3)　職務要素重視タイプ

　職務内容ごとに熟練度である程度の等級を定め、賃金を決めます。

飲食店のアルバイトなどをイメージするとわかりやすいでしょう。ただし、基本給の額が職務内容によりますので、職務内容が限定されておらず様々な仕事をこなすことが一般的な日本の正社員に基本給として運用するには、難しい制度ともいえます。就いている役職に応じて支払われる役職手当として運用するケースが多いでしょう。

⑷　成果要素重視タイプ

　成果給では、成績に応じて洗い替え方式で賃金を決めるという支給方法もあります。営業職の社員などに対して導入されることがあります。この場合、自身の働きに応じて賃金が決定されますので、社員としてはわかりやすく、モチベーションも上げやすい制度ではありますが、反面生活の安定という意味では不安も生じ、雇用の安定という意味ではデメリットも大きい方式といえます。

　一定期間ごとの成績に応じて賃金額を変動させる歩合給もありますが、歩合給の場合、どんなに成績が悪くても、平均賃金の6割は最低保証として支払う必要があり、最低賃金の計算方法や時間外割増賃金の計算方法も特殊になりますので、十分に調べたうえで導入する必要があります。

　これらは、ノルマを設定して達成した場合に基本給にプラスして支払うインセンティブ等の形で導入されることもあります。

　また、成果に応じた賃金の支払い形態として、前年の成績に応じて賃金を決める年俸制を導入している企業もありますが、年俸制ではたとえ合理的な理由があったとしても、双方の合意なく期の途中で賃金額を変えることができない点や、賞与額も決まっている場合、賞与分も割増賃金の計算基礎に入れなければいけない点など、年俸制特有の法的な要件にも注意が必要です。

6. 手当の決め方

　多くの会社では、基本給以外に様々な手当を社員に支給しています。法的に支給しなければならない手当は時間外労働、深夜労働、休日労働に対する割増賃金だけですが、通勤手当、役職手当、家族手当、住宅手当など、賃金明細に記載される手当は様々です。

　しかし、長く続いている会社では、慣例として支給されてはいるけれど、手当の名称と支給される基準や本当の意味が異なっている場合もよく見られます。例えば、賞与や退職金の算定にあたって基本給をベースにしているため、基本給を上げられないので手当として昇給しているケースなどです。

　基本給の決定と同じように、手当の支給基準も明確にしなければ、社員からの納得は得られません。その手当がなぜ支払われるのか、なぜその額になっているのか、まず経営者がきちんと説明できるようにしましょう。

　設定したときには十分な理由があったとしても、時代の変化によって意味が薄れてきている手当も存在します。例えば、かつては世帯主である男性社員に住宅手当や家族手当を支払うことで生活が安定し、マイホームも持ちやすく人生設計もしやすい会社になる、という意義がありました。しかし、扶養する妻に配偶者手当を支払ったり、世帯主にのみ住宅手当を支払ったりする、といった規定は、考え直すべきときを迎えているのではないでしょうか。

　第2章4で取り上げた「同一労働同一賃金」の実現にあたって、非正規社員に対する手当の再考も必要です。

　役職手当や特殊作業手当、通勤手当など、不合理な差がないか、確認しましょう。

7. 時間外割増賃金と固定残業代

　法定労働時間（一般的な会社では原則1日8時間、1週40時間）

を超える場合には、1時間当たりの賃金額をもとに25%の割増賃金を支払う必要があります。

　また、深夜労働（22時～翌日5時）や、法定休日労働に対しても、それぞれ25%と35%の割増賃金が発生します。

　あらかじめ一定額の割増賃金を支払う、固定残業代という制度もあります。例えば、あらかじめ10時間分の固定残業代を支払うこととし、10時間を超える残業が発生した場合のみ、追加で別途計算して割増賃金を支給する、といった制度です。

　固定残業代を導入する際には、就業規則や雇用契約書などに、①基本給と固定残業代を分けて記載すること、②固定残業代に対する労働時間と金額等の計算方法を明らかにすること、③固定残業時間を超える時間外労働、休日労働および深夜労働に対して割増賃金を追加で支払う旨を記載することが必要になります。また、給与明細には時間外労働の時間数や時間外労働時間分の賃金額を記載するなどして、通常の労働時間の賃金と区別できるようにする必要があります。

　昨今、時間外労働の削減に取り組む会社が多くなる中で、時間外労働が減ることによって残業代が減少し、社員の賃金手取り額が減ってしまうことを防ぐ目的として導入されることも増えてきています。この場合は、時間外労働削減にあたって、それまで支給していた残業代の平均額を元に固定残業代を設定し、時間外労働を削減しても、おおよその年収が変わらないような設計をします。

　固定残業代は、きちんと要件を満たし、社員も納得できる公正な形でなければ、残業代を支払っていないものと判断され、裁判などで莫大な額の支払いを命じられる可能性があります。特に民法の改正に伴い、賃金債権の時効が2年から3年に伸びましたので、未払い残業代の問題は会社にとって、より大きなリスクとなっています。導入にあたっては、要件をよく確認し、慎重な検討が必要です。

8. 評価制度

　賃金の決定にあたって、評価制度を導入している会社も多くあります。

　評価の仕方には様々な方法がありますが、まずは自社において理想とする社風とはどんなものかを明確にすることから始めるとよいでしょう。会社に経営理念や行動指針がある場合には、これらに基づいた評価項目を設定し、制度の構築を目指すとよいでしょう。

　社員にとって賃金の決定は重大事項であり、経営理念や行動指針にどれだけ良いことが書いてあっても、実際の評価項目と連動していなければ理念・指針実行のモチベーションは上がりません。

　また、点数をつけて評価を行う際には、自己採点も含め、採点者ごとの配点のブレを小さくしていくことが重要です。評価にあたって社長と採点者（管理職）が集まり、評価基準の解釈について、具体的な事例も含めてよく話し合い、採点基準の意思統一を図る必要があるでしょう。

　こうした話し合いの中で、経営理念や行動指針に対する管理職の理解も深まることが期待できます。話し合いの結果、評価の考え方は、全社員に共有することで、理念・指針・評価に対する理解を深めることもできるでしょう。また、この話し合いの中で評価項目自体の見直しも行うことで、より良い評価制度に進化させていくことが可能です。

　昨今、新型コロナウイルス感染症の影響もあり、テレワーク制度の導入が急速に進んできています。テレワーク制度の普及とともに聞こえてくるのは、評価制度の運用が難しくなったという声です。

　社員の普段の行動が見られないため、評価基準も目に見える成果を中心にしようという意見もよく耳にします。

　しかし、そもそも評価制度を導入した目的が何であるのかを忘れてはいけません。評価制度の導入目的が自社の目指す社風の確立や、その社風に合った社員の成長であるのならば、評価項目の趣旨を変

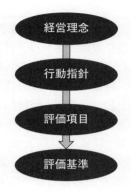

理念に基づく評価制度のイメージ

経営理念

行動指針

評価項目

評価基準

えて成果だけを見るような制度にすることには慎重になるべきです。

　目的から外れた評価制度をつくってしまうと、評価のための評価になり、会社にとって最も大切なものを失うことにつながりかねません。

　テレワークであっても、IT ツールの活用などで社員とのコミュニケーションを維持し、深める仕組みづくりに取り組みましょう。そして、評価の趣旨は変えずに、新しい仕組みにマッチした評価が行える体制づくりを目指しましょう。

　第 1 部で紹介した各社も、様々な評価制度を導入しています。次に、各社の制度の特徴的な部分を紹介します。

取組み事例

ていくあい有限会社 P35〜P46	「キャリアアップ成長シート」を作成し、成長段階とキャリアパスを10段回以上にわたって明確に示している事例。 　評価については、「技術ふりかえり成長シート」、「年間個人目標」、「私のステップアップシート」の3つのシートを使用し、キャリアアップにつなげている。 　特に「私のステップアップシート」は、「私たちの会社が特に大切に育てていきたいもの」を抜粋して、「具体的に考え、決心し、行動すること」を重視し、コミュニケーションや、専門職としての技術向上だけでなく、人間的魅力を育てる項目や、地域との交流についても項目を設定している。また、「個人目標」では、プライベートでの目標も記載している点が特徴的。
株式会社山田製作所 P47〜P54	評価制度を「成長支援制度」と呼び、社員の成長を目的とする制度であることを明確にしたうえで、賃金制度、ステップアップ制度、教育制度の3つの制度を運営するための中心として位置づけている事例。 　評価にあたっては、本人評価と評価者による評価のギャップを明確に示し、ギャップが生じた原因や問題点を洗い出して、次期に向けたフィードバックを行っている。 　等級に応じた給与表を作成し、昇格については長期的な社員の成長を重視して3年以上の期間について成長を評価し、決定している点が特徴的。

	また、年齢給、勤続給、成長給と3つの基本給を設定することで、社員のライフステージや勤続年数に応じた給与を保証し、生活の安定と、成長に応じた給与のバランスをとっている。
有限会社京美容室 P55～P62	評価制度を「真面目に仕事をしている人が評価される制度」と定義している事例。 会社の方針、部門目標や、チームワークや接客清掃などの基本的な行動、技術や役割に応じた業務の遂行などを評価している。 また、通常の評価シートとは別に、「ありがとうシート」（215ページ参照）を導入しており、社員が他の社員の行動などについて、感謝の気持ちを伝える機会としている。社内で互いに「ありがとう」を伝え合うことで、社内の雰囲気も良くなり、各人のモチベーションアップや成長にとても良い効果を上げている。
株式会社タナベ刺繍 P63～P74	半年間社員が議論を重ねて考えた6項目（下記）に各5つの設問で構成される人事評価シートを作成している事例。 ①　あなたの影響で、仲間や会社にどのような変化がありましたか？ ②　あなたは仲間とどのような関係をつくっていますか？ ③　仲間が働きやすい職場づくりに貢献したことは何ですか？ ④　あなたが仕事に自信や誇りを感じることは何ですか？ ⑤　あなたが活躍するために必要な能力は何ですか？

	⑥　あなたが働くことは、あなたの自己実現に向かっていますか？
	設問には自分にもっとも当てはまると思われる段階にチェックを入れて回答し、このシートを元に半年間で3回の面談を行い、各人の取組みについて話し合い、等級を決定。
	約2か月ごとに評価シートに取り組むことで、社員が自分自身の考え方や能力の成長、変化を把握し、本当の自分が見えてくる仕組みになっている。
株式会社吉村 P121〜P130	評価制度を「YES制度（吉村従業員満足度人事制度）」と呼び、基本理念を「会社と社員がともに成長するための仕組み」としている事例。
	職種の定義を、求められる役割・行動・スキルに基づいて7つの等級に区分し、等級ごとの目安に基づいて「目標管理評価（目標設定度）」「役割遂行評価（行動）」「スキル評価（テクニカルスキル）」と3つ視点から評価を行っている。評価項目は、社員とともに設定している。
	目標管理シートでは、期初に自分で目標を立て、達成基準とともに、「1年後の自分を描く」「理念に基づいているかの視点を持つ」といった欄も設け、自身の成長と、理念の理解を重視している。

有限会社京美容室の「ありがとうシート」

9. 賞与

　賞与について考えるときに大切な点は、それが生活補填的性格のものであるのか、功労報償的性格のものであるのか、その趣旨を明確にすることです。一定の支払基準が定められていて、基本的に業績に関係なく支払われる賞与は生活補填的性格の賞与といえるでしょう。その年の業績に基づいて賞与原資を定め、貢献度に応じて分配する決算賞与などは、功労報償的性格の賞与といえます。会社によっては、賞与の一部を基本給を元にした生活補填的性格のものとして支払い、業績に応じて上乗せを行うという形を取る場合もありますし、夏の賞与は生活補填的性格のもの、冬の賞与は決算に基づく功労報償的性格のもの、とする場合もあります。

　この趣旨を十分に社員に説明していない場合に、社員からは生活補填的性格のものと捉えられてギャップを生じ、業績が振るわず賞

与が支給できない場合などに社員から不満が噴出するケースも見受けられます。自社における賞与の支払い基準を明確にし、十分な説明を行うことが、社員のモチベーション維持にとって大切です。

　生活補填的性格の賞与では、「基本給の○か月分を支給する」といった規定も見られますが、会社によっては賞与の原資が確保できず、基本給が上げられないという状況に陥ってしまうことがあります。そのため、昇給をする際に基本給を上げず、明確な基準のない手当ばかりが増えていくといったケースも見受けられます。こうなってしまうと、経営者、社員双方にとって納得性の高い賃金を実現することは困難になってしまいます。

　賃金の構成と整合性のとれた賞与支給基準の検討が必要です。

▌ 10. 退職金

　退職金は、会社が任意で支払うものですが、社員にとっては長期的な人生設計にも関わる重大なものであり、一度制度に定めた支給額や基準などは、簡単に変更することはできませんので、設計には慎重な検討が必要です。まずは賞与と同じように自社における退職金はどのような性格のものであるのかを明確にすべきでしょう。

　一般的には、退職金の目的について、次のような3つの考え方があります。

(1)　社員の勤続年数や職責、貢献度などに応じて支払う功労報酬としての退職金

(2)　賃金を一部留保して、退職時に追加的に支払う賃金の後払いとしての退職金（生涯賃金に対して節税効果を期待する意味合いもある）

(3)　退職後の生活を保証するものとしての退職金（長期勤続者ほど支給率が有利になる）

　また、退職金の積立てについても目的に合わせて検討が必要です。会社の資産と切り離されて管理される外部積立ての制度も複数あ

り、中小企業退職金共済や民間保険、確定拠出年金や選択式 DC な
ど、目的に応じた選択を検討するとよいでしょう。

　退職金制度を導入することで、社員の採用、定着にも一定の効果
が期待できます。また、将来設計を組み立てやすくなることで、社
員が安心して働くことのできる環境につながります。

「中小輝業」になるための
就業規則の PDCA

　第3部では、いよいよ通常の就業規則から人を生かす就業規則づくりに
取り組むための考え方や道筋を解説していきます。

　第2部で示した就業規則のステージで言えば、ステージ4からステージ
5へのステップアップ、そしてステージ5の状態を継続していくための取
組みといえます。

第1章

人を生かす就業規則とは

1. 就業規則とは？

　第2部でも確認したように、就業規則とは、入社から退社に至る「労働条件」と「職場の規律・ルール」を定めたものです。合理的な条件が定められた就業規則が社員に周知されていれば、就業規則の内容は雇用契約上の労働条件として認められます。しかし、契約とは、当事者双方の合意によって定められるのが原則です。就業規則の作成にあたって、社員の意見を取り入れずに会社が一方的に定めるやり方では、雇用契約の本来の意味としては不十分といえます。

　就業規則については、「社員が権利ばかり主張するようになるからないほうがよい」とか「問題社員を管理するうえで就業規則は必要だ」など様々な捉え方がありますが、会社経営、とりわけ中小企業の経営を守り発展させるうえで、「一番の財産は社員である」ということを理解する必要があるのではないでしょうか。

　一般的に、中小企業は「ヒト」「モノ」「カネ」「情報」などの経営資源が大企業に比べて弱いといわれますが、「ヒト」については、中小企業でもその気になれば育てることができます。社員が育ち会社で大きな力を発揮するには、社員が安心して働ける職場、会社と強い信頼関係を築ける職場が不可欠です。そうした観点から就業規則をつくることが重要です。

2. どのような就業規則が必要か？

　会社が就業規則をつくる際、どのような考え方に基づいてつくるかによって、就業規則の性格、内容は大きく変わります。「会社を

「社員を縛り抑える就業規則」と「社員を育てる就業規則」の比較

社員を縛り抑える就業規則	社員を育てる就業規則
・社員に相談しない ・社長や一部の幹部、専門家だけで相談してつくる	・社員にも積極的に意見を聞いている ・労働組合がなくても委員会や職場単位で意見を集めている
・法改正がなければ見直さない ・法改正があっても無関心でいる	・定期的に社内ルールを見直している ・法改正に対応するだけでなく職場や社員のニーズに合わせて随時改定している
・社内に公開しない ・請求された時や問題が発生した時だけ提示する	・常に社内に公開している ・求人サイトや採用説明会などでも提示している
・懲罰条項が多い	・表彰制度があり実際に表彰している

守る就業規則」「社内の諸問題に対処する就業規則」などの言葉は、経営者にとって耳当たりが良く聞こえるかもしれませんが、改めて考えてみてください。「会社を守る」とは、何から、誰から会社を守るのでしょうか。「権利ばかり主張する社員に対抗するため」「社員を会社のルールに従わせるため」につくる就業規則は、社員を「対抗する相手」「従わせる相手」、さらに言えば「敵」と捉えることにつながってしまいます。ここには「ともに会社を発展させる相手」「パートナー」という発想はありません。

　また、「社内の諸問題」とは、社内のどのようなことを問題と考えているのでしょうか。「会社への不平不満が広がること」「社員がやる気を出さないこと」などを想定しているとすれば、それらは就業規則で社員を縛ること、あるいは社員の意見を抑えることで解決

できる話ではなく、会社が真摯に社員と向き合い、解決すべく取り組むべきテーマでしょう。

このように、社員を「対抗する相手」「縛り抑える相手」と捉えることは、経営者自身が自社を「社員を育てられない、信頼関係をつくることができない会社」と認めてしまうことと同じではないでしょうか。

就業規則の必要性を改めて整理すると、概ね次のようにまとめられます。

(1)　働くルールを明確にすることで社員との信頼関係を築くため

人を雇用するということは「雇用契約を結ぶ」ことです。雇用契約には、明確な働くルール＝就業規則が必要です。また1人でも雇用すれば労働基準法などの法律を守らなければなりません。就業規則をつくることで働くルールが明確になり、社員と会社の信頼関係の基礎になります。

(2)　信頼をベースに全社一丸の会社づくりを行うため

社員の生活を保障する旨を就業規則で表し、それを会社が守って責任をとる姿勢を明確にすることで、社員との信頼関係が築けます。そして、安心して働けることが社員の意欲につながり、全社一丸の経営へと進むことができます。

(3)　安心して働ける職場づくりをすることで定着率と採用力をアップさせるため

就業規則を作成・周知し、社員が安心して働ける職場をつくることで、社員の定着率が向上します。社員との信頼関係が強く定着率の良い会社は、採用力も高まります。採用面接の場で就業規則を説

明したり、自社の求人サイトで就業規則を公開したりして積極的に
自社の雰囲気を伝えていく取組みも、採用において効果を発揮しま
す。

3. 人を生かす就業規則の「人を生かす」とは？

(1) 会社も社員とともに育ち合う社風をつくる

　人を生かす就業規則とは、社員とともに就業規則の作成・見直し
を行うことを通して、積極的に働く環境についての改善と意思疎通
を図り、社員との信頼関係を築き、新しい次元の相互信頼へと進ん
でいく取組みです。

　社員と一緒につくりさえすれば人を生かす就業規則といえるのか
と問われれば、それだけでは十分とはいえませんが、社員が就業規
則づくり＝職場の働くルールづくりに参加することで、自ら職場の
こと、会社のことを考える機会になります。その機会を通じて社員
の自発性と創意性が育ち、同時に、自覚と責任感が養われ、必要な
規律を保つ好ましい社内風土を生み出すきっかけになります。

　人を生かす就業規則の目的は、会社と社員との信頼関係を構築す
るとともに、社員が自らの将来を描ける環境をつくることにありま
す。つまり、「就業規則」という文書の作成に限定されるものでは
なく、経営理念や10年ビジョン・方針・計画などを社員と共有し、
計画に沿って労働環境も整備しながら仕事を進め、その中で人材採
用・育成を行い、会社も社員とともに育ち合う社風をつくることに
あるのです。こうした環境でこそ、自覚と誇りに満ちた社員が育ち、
付加価値の高い仕事をすることができます。これらの一連の会社内
での取組みを「人を生かす経営」の「総合実践」として考えます。

⑵ 「会社の将来」と「社員自身の将来」の実現と調和を目指す

　会社は、社員とその家族の生活、人生に大きな責任を負っています。「会社の将来」と「社員自身の将来」の実現と調和を目指して、社員とともに働きやすい職場づくりのルールを就業規則によって成文化し、会社を発展させていく必要があります。会社がそれを実践し続けることにより、社員は「自らの将来」に展望が持つことができ、生き生きと働き、充実した人生を送ることができます。社員が自らの将来に展望を持つことができ、充実した人生を送れるようになってこそ、真の「人を生かす就業規則」といえるでしょう。

▌ 4. 人を生かす就業規則は会社経営と両輪の関係にある

　会社経営と就業規則は、補完し合い会社を支える力になるものです。会社が安定的に発展するためには、会社が目指すものは何か（＝経営理念）、自社の理想的な未来像（＝10年ビジョン）、ビジョン達成への道筋（経営方針）、そのために何をどのように実行するのか（＝経営計画）等を社内外に明確に示すことが重要です。一方、しっかりした就業規則があってこそ、あるいはその作成を目指してこそ、社員は会社の経営指針を理解し実践し、会社を守り発展させようという意識が育まれます。

　経営計画を毎年更新するように、就業規則も、定期的に更新する取組みが必要です。ビジョンを達成するステップとして、時代や法律の変化に対応するため、あるいは社員の世代交代や年齢に伴う価値観の変化を捉えるためにも、定期的な見直しは欠かせません。前年には十分と思われていた規定が、新たに発生した出来事や変化によって不十分に感じられるようになることも少なくありません。

　経営計画を実践するための取組みの中で、働きやすい職場づくりのPDCAサイクルを回していきましょう。就業規則の見直しは、その到達点に合わせて行うべきものです。

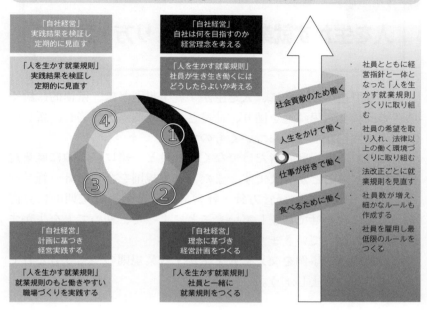

経営と就業規則の PDCA サイクル

「自社経営」
実践結果を検証し
定期的に見直す

「人を生かす就業規則」
実践結果を検証し
定期的に見直す

「自社経営」
自社は何を目指すのか
経営理念を考える

「人を生かす就業規則」
社員が生き生き働くには
どうしたらよいか考える

④ ① ③ ②

「自社経営」
計画に基づき
経営実践する

「人を生かす就業規則」
就業規則のもと働きやすい
職場づくりを実践する

「自社経営」
理念に基づき
経営計画をつくる

「人を生かす就業規則」
社員と一緒に
就業規則をつくる

社会貢献のため働く
人生をかけて働く
仕事が好きで働く
食べるために働く

・社員とともに経営指針と一体となった「人を生かす就業規則」づくりに取り組む

・社員の希望を取り入れ、法律以上の働く環境づくりに取り組む

・法改正ごとに就業規則を見直す

・社員数が増え、細かなルールも作成する

・社員を雇用し最低限のルールをつくる

上の図のように、自社の経営と人を生かす就業規則をリンクさせて、PDCA サイクルを回していくことで、坂道を登るように社員の働く意識も変わっていきます。最初は単に賃金を稼ぐために、食べるために働いていた社員も、自分の人生と会社の未来をリンクさせて考えることができるようになることで、やりがいをもって働き、仕事が好きになってくるでしょう。そして、自分の人生も仕事も大切にできれば、人生をかけて働き、社会貢献も視野に入れて働く余裕ができてくるでしょう。

人数が少ない設立直後は社長のリーダーシップで会社を回すことができたとしても、規模の拡大やステージが変わっていくことにより、より明確なルールが必要になります。そうしたルールづくりを社員とともに行い、会社と社員の人生を考える機会にしていくことが大切です。

第2章

人を生かす就業規則のつくり方・育て方

　第1章で述べたように、人を生かす就業規則とは、積極的に働く環境の改善と意思疎通を図り、社員との信頼関係を構築し、新しい次元の相互信頼へと進んでいくものです。

　そのためには、経営者だけでなく、社員と一緒に組織的に就業規則を作成することが必要です。また、就業規則を経営指針（経営理念・10年ビジョン・経営方針・経営計画）とともに定期的に見直し、実態に合わせて修正していくことによって、初めて人を生かす就業規則となっていきます。

　この章では、事例を交えて人を生かす就業規則のつくり方と育て方を考えていきましょう。

1. 就業規則を社員と一緒につくるメリット

　就業規則を社員と一緒につくる主なメリットは、次の2点です。
（1）　社員の参加意識が高まる
（2）　会社の働く環境の現状について共通認識を持ち、目指す環境づくりのイメージを共有できる

(1)　社員の参加意識が高まる

　就業規則づくりに社員が参加することによって、就業規則を「みんなで決めて、みんなで守っていく自分たちのルール」と認識するようになります。そして、社員が、就業規則を「会社が一方的に作成している他人事」ではなく「私たちが考えつくる自分事」として捉え、積極的に関わるようになるのです。

それにより、社内のルールや手続きに対する自覚と責任感も養われ、必要な規律を保とうとする、好ましい社内風土を生み出すきっかけともなるでしょう。

(2) 会社の働く環境の現状について共通認識を持ち、目指す環境づくりのイメージを共有できる

経営者と社員が就業規則の規定をともに考え作成するために、まず、会社の働く環境について現状を確認することから始めます。

就業規則には良い条件を記載したい、と経営者は思いがちですが、できていないことを書いてしまうとトラブルになりかねません。会社の働く環境の現状を正直に出すことで、社員と認識を共有し、改善点をあぶり出し、目指す働く環境のイメージを共有化することができます。今後良くしたい条件等があれば、自社の課題として改善していきます。

2. 会社の10年後のありたい姿を明確にする

人を生かす就業規則づくりには、会社の将来（例えば10年後）のありたい姿を目指して、それに近づけるように規定を整備していく目的もあります。まずは次ページの表を利用して、経営理念と自社の目指す10年後のビジョンを書き出してみましょう。そして、自社の働く環境や10年後のありたい姿を実現するために、働く環境の改善を就業規則によって成文化し、自社の経営と連動させていきましょう。

わが社の経営理念と 10 年後のビジョン

〈わが社の経営理念〉

1．何のため経営をしているのか	3．わが社の固有の役割は何か
2．創業時（継承時）の精神は何か、決意・思いは何か	
4．大切にしている価値観・人生観	5．顧客、取引先、仕入先に対する基本姿勢
6．社員に対する基本姿勢	7．地域社会や環境に対する基本姿勢

8．経営理念

〈わが社が目指す 10 年後のありたい姿〉

1．こんな会社にしたい	2．こんな経営者になりたい
3．社員とこんな社風をつくりたい	4．社員にこんな働き方をしてほしい

5．わが社が目指す 10 年後の姿

3. 就業規則の組立てを経営と結びつけて考える

　全社一丸となって高い志気のもとに企業活動を推進し続ける状態となるためには、社員が、自らの生活と人生が豊かな未来を実現するものだと思えるものでなければなりません。

　そのためには「経営指針」で示された会社経営の基本となる理念、10年後のビジョン、経営方針、経営計画が、「職場のルール」として「就業規則」ともリンクしていることが不可欠です。つまり、「経営指針と就業規則」の関係とは、次の図のような関係であると考えられます。

経営指針と就業規則の関係図

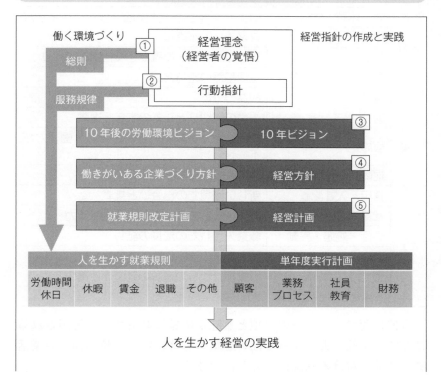

① 社員にとっての働く意味を「経営理念」をもとに、わかりやすく示した「総則」
② 経営理念に基づいた「行動指針」が示され、その実行についてルールとして示した「服務規律」
③ 10年後の理想的な未来図（ありたい姿）を具体的に示した「10年後の労働環境ビジョン」と会社の「10年ビジョン」
④ その「10年後の労働環境ビジョン」と「10年ビジョン」への到達の道筋を示した「働きがいある企業づくり方針」と「経営方針」
⑤ 設定した「働きがいある企業づくり方針」と「経営方針」を達成するための「就業規則改定計画」と「経営計画」

　就業規則に定める内容とその意味は、次のようにまとめることができます。

定める事項		定めの意味
総則		経営理念をもとにした働く意味
服務規律		行動指針としての服務規律
労働時間・休憩・休日		個人と家庭での生活時間（ワークライフバランス）の明確化
休暇	休暇	
	休職	安心して休業・復職できる仕組みづくり
賃金	賃金	生活基盤の維持発展
	賞与	利益の分配
退職	退社	人生の区切りとしての定年・退職
	解雇	経営理念や行動指針と、生き方・働き方が不一致
	退職金	引退後の人生の設計
その他	採用、入社配置	新しい職場での出会いと挑戦
	社員教育	職業人としての力量向上・生きる力
	評価・処遇・異動	職業人としての成長の証し
	表彰	行動指針の実行に対する認め合い
	懲戒	行動指針からの逸脱の気づきと再生
	安全衛生・災害補償	大切な命を守ること

　労使の間で、これらの事項と意味が明確に共有され、運用されることで、全社一丸となって高い志気のもとに付加価値の高い企業活動を推進し続ける状態がつくり出せます。

4. 社員を巻き込むきっかけづくり

　就業規則の作成に社員を参加させることは、容易ではありません。何も意見が出てこない、会社としては到底受け入れられないと思える内容が強く提案されるなど、困難な状況が現れるはずです。

　人を生かす就業規則づくりにおいて大切なのは、単にこんな働き方だといいな、といった内容を盛り込むことではなく、社員一人ひとりの人生や社内の状況を見直したときに、何が必要なのか、優先度が高いものは何かを明確にすることです。そして、それを実現するために、会社の業績も含め、業務の改善や経営方針の実施について、社員により深く意義を感じてもらうことです。つまり、社員が自分自身の人生と会社の将来をすり合わせ、より良いものにしようと思うようになることにあるといえます。会社も、社員の要望に答えるために計画的に経営を改善し、働く環境を段階的に良いものにしていく取組みが重要です。

　そのための第一歩として、自分たちが働く環境をどう変えたいか、それを実現するためには何が必要かを社内で話し合う機会を設け、活発で前向きな議論ができるようにしましょう。

　顧客からのクレームがきっかけとなって自社の商品・サービスの改善が進むように、就業規則に対する社員からの声は、働く環境づくりの良いきっかけとなり得ます。

　第1部で取り上げた株式会社エイチ・エス・エーでは、クレーム対応がきっかけで、就業規則の活用に社員を巻き込んでいくようになりました。就業規則の内容にクレームを言ってきた社員に対し、田中社長は「クレームを言うということは、それだけ就業規則に興味を持っている」と思い、真摯に意見のやり取りを続けたことにより、その社員が就業規則づくりに関わるようになったそうです。

　話し合う際は、経営者が就業規則を1項目ずつ説明し、それに対する社員の意見を募り、取り入れて、お互いに納得がいくまで議論することも大切です。次の表の視点を確認してみるとよいでしょう。

就業規則の説明チェックシート

〇…十分に検討された規定があり運用されている　△…規定はあるが検討や運用は不十分
×…規定がない

	確　認　項　目	チェック欄
労働時間等	**Q 1** 始業・終業時刻は顧客対応やワーク・ライフ・バランスの観点から適正に定められている。	
	Q 2 休憩時間の取得方法について適正に定められている。	
	Q 3 残業の許可制等、時間外労働を適切に管理できる体制がつくられ、規定として定められている。	
	Q 4 労働時間を適正に確認・記録・把握できる体制がつくられ、規定として定められている。	
	Q 5 変形労働時間制、フレックスタイム制などの特殊な労働時間制を利用している場合、その制度に関する規定が、適切に定められている。	
	Q 6 直行・直帰や在宅勤務などのオフィスの外の労働時間を適切に管理できる体制がつくられ、規定として定められている。	
休暇・休業	**Q 7** 年休を適正に管理し取り扱うとともに、年休を取りやすい体制が築けている。	
	Q 8 特別休暇や慶弔休暇など、必要に応じて使いやすい制度が整っている。	
	Q 9 育児休業や介護休業などについて、法令に定められた以上の内容が定められており、取りやすい体制が整っている。	
賃金	**Q 10** 社員の納得性が高く、経営数値と整合性のある賃金制度が構築されている。	
	Q 11 給与の決定方法や支払方法が明確に定められている。	
	Q 12 各種手当の目的は明確になっており、会社の方針と合致している。	
	Q 13 正規社員と非正規社員の給与制度が、互いに整合性を持って運用されている。	
	Q 14 必要に応じて賞与や退職金制度について定められており、支給する場合は支払時期、計算方法や支払方法等が明確に定められている。	
	Q 15 人事評価制度は、「社員の能力を引き上げる」という視点で設計・運用できている。	
退職等	**Q 16** 社員を不当に拘束しないよう自己都合退職の手続きが合理的に定められている。	
	Q 17 定年や定年後の再雇用制度は、適正に定められている。	
	Q 18 解雇の要件は明確かつ合理的に定められている。	
任意規定	**Q 19** 採用計画に基づき、採用基準や手続きを適正に定めている。	
	Q 20 社員が病気やケガをした際の休職制度が整っている。	
	Q 21 行動指針に即した服務規律が定められている。	
	Q 22 懲戒処分について納得性が高く、必要十分な内容が定められている。	
	Q 23 社員教育の制度が明確に定められている。	

就業規則の改定や働く環境づくりについて話し合うために、社内委員会を設置することも効果的です。第1部で取り上げた株式会社吉村は、社員が立候補してメンバーが決まる「プロジェクト YES（吉村の社員満足度の意味）」を活用して、社内の働く環境を改善しています。このプロジェクト YES に社員の希望（意見）が持ち込まれると、プロジェクト YES が検討し、顧問社会保険労務士に相談したうえで経営会議で取り上げ、決定する仕組みです。意見が分かれた場合は、壁新聞にその経緯を書き、社員の意見を募ります。これにより、社員全員が課題に関わることができる仕組みをつくっています。

▌ 5. 事例から学ぶ人を生かす就業規則の規定例

　労働基準法などの法律の条文に基づいて就業規則を作成すると、わかりにくい文章になってしまいます。就業規則は会社のルールですから、その内容が明確にわかり、定めたルールを共有できることはとても重要です。

　就業規則の表現方法は自由なので、以下に掲げる例のように、必要事項を箇条書きで簡潔に表す方法でも、社員にとってなじみのある言葉で表現している方法でも構いません。自社にとってわかりやすい表現を使用しましょう。また、内容が明確で誤解を受けるおそれはないか、表現に注意が必要です。

　規定を作成する際は、自社の若手社員が読んで内容が伝わるかどうかという視点で考えるとよいでしょう。就業規則とは別に、社員が働くうえで知っておく必要のある事柄を平易な文章でまとめ、ワークルールブックとして配付している会社もあります。

　ここからは、第1部で紹介した各社の取組みを中心に、人を生かす就業規則に取り組むとどんな規定ぶりになるのか、実例を見てみましょう。

定年・退職のルールを箇条書きにした場合の規定例

定年	・60 歳。その後勤務希望があれば、再雇用します。
退職申出の ルール	・30 日前に申出のうえ、業務引継ぎをしてください。
辞めてもら う条件	・勤務成績や勤務状況が著しく不良で、改善の見込みがな く、就業に適さないとき。 ・心身の障害等により、業務に耐えられないとき。 ・試用期間中の能力、勤務態度が著しく不良で、社員に適 さないとき。 ・懲戒解雇に該当するとき。 ・やむを得ず事業の縮小、部門の閉鎖等をするとき。

(1) 労働時間

●社員が受講する研修時間を労働時間とすることを就業規則に明記している規定例

【裁量勤務、研修勤務】
第○条　次の各号に該当する従業員（以下、「裁量勤務者」という）は、
　　所定労働時間労働したものとみなす。
　　①　（中略）
　　②　各種研修会に出席する従業員
2　裁量勤務者については、第○条（遅刻、早退）、第○条（私用外出）、
　　第○条（無断離業）は適用しない。
（以下省略）

●社員が病気になったりケガを負ったりしても体調に合わせて働き続ける
ことができるよう、独自の短時間勤務制度を設けて運用している規定例

【傷病短時間勤務制度】

第○条　傷病のため通常の勤務が困難であると医師に診断され、会社
　が認めたときに、育児短時間勤務同様の短時間勤務をすることがで
　きる。

【それに伴う給与規定】

第○条　傷病短時間勤務制度の賃金計算期間は、前月1日から前月末
　日とし、時給制で支払う。

---

(2)　休暇

　法令で定められた年休以外に、特別な休暇制度を設けている会社
の規定例を紹介します。

①　慶弔休暇

　慶弔休暇では、「有給か無給か」「いつまでに取得する必要がある
のか」「連続して取得するのか、分割も可能なのか」という点が明
確になっていないと、社員とのトラブルに発展する可能性がありま
す。誰もが理解できる規定を目指してつくられたのが、次の例です。

●誰もがわかりやすい慶弔休暇を目指してつくられた規定例

【特別休暇】

第○条　会社は社員が次の各号の一に該当する場合は，その者の申し
　出により，次の日数の休暇を与える。

　①　本人が結婚するとき（5労働日・有給）

　②　子が結婚するとき（1労働日・有給）

---

③　配偶者が出産するとき（3労働日・有給）

④　次の親族の死亡のとき（法要については非該当）

（1）配偶者・子・父母・同居の義父母（5労働日・有給）

（2）実祖父母・別居の義父母・兄弟姉妹・孫（3労働日・有給）

（3）同居の義祖父母　（1労働日・有給）

⑤　社員旅行の日・参加者（有給）不参加者（無給）（1労働日）

⑥　永年勤続表彰　勤続25年表彰者　（2労働日・有給）

（以下省略）

2　前項①号の本人が結婚するときにおいて分割取得をする場合には 3回以上の分割取得は認めないものとする。

また、前項③号および④号の慶弔関係休暇は，第○条の休日を除いた実労働日の日数とする。

3　第1項①号および⑥号の特別休暇は次の事由が発生したときから1年を経過した場合、請求権は消滅する。起算日は次のとおりとする。

①　第1項第①号：結婚式または入籍日のいずれか早い日

②　第1項第⑥号：永年勤続表彰を受けた日

②　自社のニーズに応じた特別休暇

　厚生労働省では、特別な休暇制度として病気休暇、ボランティア休暇、リフレッシュ休暇、裁判員休暇、犯罪被害者等の被害回復のための休暇などを設けている例を紹介していますが、独自性の高い休暇を設けている会社もあります。

●ドリームジャンボ休暇制度の規定例

【ドリームジャンボ休暇制度】

■なぜドリームジャンボ休暇を導入したか?!

①　1人にしかできない仕事をなくすきっかけとするため。

②　社員がわくわくする休暇制度を導入するため。

　長期休暇を取ることで、業務の見える化も促進されます。有休は平日に取るので、会社は動いています。自分が担当している仕事を誰か

に引き継がなければならず、引き継いだ人に迷惑をかけないようにするためには仕事を整理して誰にでもわかるようにしておかなければなりません。

　引き継いだ人は、休暇中はゆっくり休んでもらおうと極力連絡をしなくなり、互いの配慮も生まれます。お休みを取るほう、支えるほう、互いに思いやる心が生まれることも相乗効果ですね。

■くじ引きはいつ？どうやって行われるの？
→経営発表会当日です。

■当たったらどうしたらいいの？
→当日は目録をお渡しします。有休は長期間になりますので、周りの方とご相談のうえ決めてください。有休の日が決まったら届書、特別休暇（備考欄にドリームジャンボ休暇と記載）。上司印をもらった時点で賞金をお渡しします。

■当たったら嬉しいけど何か条件とかあるの？
→ドリームジャンボ休暇は自分への投資として使っていただくことも目的としていますので、社内報の執筆をお願いします（入社１年未満の方は「そもそも自分にしかわからない仕事」がまだなく、趣旨とずれるため対象外です）。

■そんな長期の有休ちょっと無理なんだけど…
→その場合、賞金を受け取る権利もなくなります。
　これを機に１人にしかできない仕事をなくし、休みやすい環境づくりをしていきませんか？

	賞金	有休	当選人数	勤続	当選者
1等	20万円	10日	1名	10年以上	
2等	10万円	5日	1名	10年未満	
3等	5万円	3日	1名	5年未満	

（以下省略）

●ありがとう休暇の規定例

【勤続ありがとう休暇】
　社員が 10 年間勤続した場合、「勤続ありがとう休暇」として連続 5 日間の休暇を与える。この休暇は原則として勤続 10 年に到達した日より 1 年以内に取得するものとする。

【産んでくれてありがとう休暇】
　社員の誕生月について「産んでくれてありがとう休暇」として 1 日間の休暇を与える。なお、職員は親に感謝するレポートを作成し、会社に提出するものとする。

　また、「地域社会への貢献と使命」という経営理念に基づき、社員が地域のための活動をすることに対し有給休暇を与える規定を設けている会社もあります。

●地域活動休暇の規定例

【地域活動休暇】
　従業員が地域活動等に参加した場合には、1 年間につき最大 3 日間を地域活動休暇（有給）として与える。この場合の 1 年間とは、4 月 1 日から翌年 3 月 31 日までの間とする。地域活動とは、ボランティア活動・町内活動・ＰＴＡ活動などの地域貢献活動とする。ただし、事前に総務部へ申請し、会社が認めた活動に限る。

(3)　賃金

　賃金の中でも、手当は会社が社員に対しどのような姿勢で報いるのかが明確に出るポイントでもあります。社員の生活を重視して手当を定めることもあれば、社員の成果に基づいて手当を支給することもあります。

●子育て手当の規定例

【子育て手当】

第11条　子育て手当は、15歳以下（中学校を卒業する年度の3月31日まで）の子を扶養する世帯主の従業員に対して、1人あたり月額5,000円を支給する。

　　　所定の申請書類に従って、総務部長へ申請すること。

●営業報奨金の規定例

【営業報奨金】

　　営業奨励金は、営業社員に対し営業成果に基づき支給する。

●一生懸命手当の規定例

【一生懸命手当】

　　利用者のために一生懸命に仕事している姿勢に対して支給する。

　　月額10,000円

(4)　現場で必要とされる規定

　就業規則には、労働基準法で定められた記載事項以外に、現場で必要としているルール、もしくは現場でルールがなくて困っているものを任意の規定として定めることもできます。

①　教育・資格取得支援

●教育研修・資格取得支援に関する規定例

【教育・資格取得】

第○条　会社は、従業員の知識および技能等の向上を図るため、教育研修および訓練等を行い、資格取得を促進する。

2　資格取得の目的は次のとおりとする。

① 生産性向上
② 品質維持
③ 対外的信用を得る
④ 社員のスキル（技術力）アップ
⑤ 社員の技能習熟度の確認

3　手順は次のとおりとする。

　資格取得希望者は、「資格取得申請書」を部長に提出し、部長および取締役の承認を得たものに限り、下記の条件で受験することができる。

　資格の有無は考課条件ではないが、上記"目的"による貢献度が加点につながる。

4　受験および受験準備外部研修に関する条件は、下記のとおりとする。

（対象：同一資格同一級とする）

	給与の有無	受験料（受講料）	テキスト代	練習用材料・工具費用負担	旅費・交通費	備考
受験当日	給与は支給しない。休日手当、代休支給はしない。	受験回数は2回まで会社負担とする。			支給しない	祝金 1級相当 70,000円 2級相当 50,000円 3級相当 30,000円
受験準備外部研修	平日は有給休暇申請を許可する。	受験準備外部研修は1回のみ会社負担とする。	1冊分支給する（過去問題集等）	事前申請とし、部長の承認を得ること（所定の申請書で提出）	実費を支給する（公共交通機関等を利用）	就業中の受験勉強は原則禁止とする。就業中以外に機械を利用する場合は、資格取得研修として、部長に許可を得て複数人にて行う（単独時は監督者が必要とする）。

② 会社独自の活動に関する規定を別規程に分けたもの

就業規則は必要に応じて複数の諸規程に分けることもできるので、分冊にしている会社もあります。次の例のように、委員会活動への参加ルールを定めた「社内委員会制度規程」を作成し、委員会活動の目的やテーマ、委員長や副委員長等の選任方法、任期や活動の時間帯について定めることも可能です。

●社内委員会制度に関する規程例（抜粋）

社内委員会制度規程

【総則】

第1条　この規程は、当社の委員会活動への参加ルールを定めるものである。

【目的およびテーマ】

第2条　委員会活動の目的は従業員の意見を会社経営に役立てることにより、従業員のモチベーションの向上を目指し、「社会を幸せにする会社と社員が幸せになる100年企業」を実現するために以下のテーマを参考に、従業員の自主運営により行うことを原則とする。

(1) 経営指針の理解と浸透

(2) 働き方の標準化

(3) お客さまへのサービスの改善

(4) 生産性、品質、技術の向上

(5) 社内外のコミュニケーション活性化

(6) 安全衛生の向上、労働災害の撲滅

(7) 社内環境の改善、美化

(8) 地域社会に貢献できる活動

(9) その他会社の改善全般

【対象】

第3条　委員会は、原則全従業員を対象とする。ただし、会社が認めた場合、休職中や勤務時間および勤務日数が少ない者など、一定の

従業員を除外することができる。

【委員会への参加】

第4条　当社に勤務する従業員は、第2条の目的を達成するために、積極的に委員会活動に参加しなければならない。

2　従業員は、自身の選択または指名により、一以上の委員会に参加する。委員会に参加する従業員は、委員に選任されたことの責任を自覚し、積極的かつ誠実に委員会活動に参加しなければならない。

【委員長】

第5条　委員会には、委員長を1名置く。

2　委員長は、委員会の活動を統括し、任期内の活動を都度、会社に文書等で報告する。

3　委員長は委員会の議長を兼務する。

【役員】

第6条　委員会には委員長の他に以下の各号に定める役員を置く。ただし、他に役員が必要な場合は各委員会の判断とする。

　　(1) 副委員長　委員長（議長）を補佐し、委員会の運営管理にあたる。

　　(2) 会　　計　委員会の予算管理および決算書を作成する。

　　(3) 書　　記　委員会の記録責任者とする。

【任期】

第8条　委員会の委員の任期は11月1日から翌年10月31日までの1年間とする。

【役員選任】

第9条　委員会の役員は委員の互選を参考に会社の指名により選任する。

【活動時間】

第10条　委員会活動は、原則として、所定労働時間内で、かつ1回1時間以内で収まる活動とする。やむを得ず時間外に行う場合は、会社の許可を要する。

(5) 経営理念

　既に述べたとおり、「人を生かす就業規則」とは、社員とともに就業規則の作成・見直しを行うことを通して、積極的に働く環境についての改善と意思疎通を図り、社員との信頼関係を築き、新しい次元の相互信頼へと進んでいく取組みです。そして、社員にとっては、会社の経営指針（経営理念・10年ビジョン・経営方針・経営計画）を実践するために取るべき行動が記されたものでもあります。そのため、経営理念等を就業規則に掲載している会社もあります。

●就業規則に経営理念を掲げている例

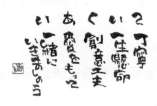

てぃくあい就業規則

てぃくあいは、

『出会ってくれてありがとう』

を経営理念としています。

♪てぃくあいは、
在宅介護のいろいろなニーズにお応えし、
「あなたに出会えて良かった」と
家族のようなかけがえのない存在になります。

♪てぃくあいは、
誠実に生き、仲間と夢を語り合い、
仕事の喜びを共有し、
人として成長しつづけられる会社を創ります。

♪てぃくあいは、
音楽とともに笑いあふれ、
ご利用者さまといっしょに、
若者の夢の実現と、
子供たちの優しい心を育むお手伝いをして、
地域社会に貢献します。

本就業規則は、以上の基本理念に立って、てぃくあいと職員が相互信頼の上に立ち、事業の発展を通じて、職員の福祉向上と働きやすい職場づくりを目指すとともに、職員とてぃくあいとの労働契約の内容として定めるものであります。

-1-

6. 人を生かす就業規則の育て方

(1) 就業規則を見直す

就業規則を見直す時期は、次のように考えるとよいでしょう。

① 年に1度、決まった時期に見直す

「決算の後に見直す」「毎年〇月に見直す」など、時期を定めて取り組みましょう。定期的に社員と見直す機会を設けることで、社員の意見、要望を集め、実際の運用で迷った場面などを踏まえてルールを検討することができます。

② 法改正があったときに見直す

日ごろから労働関係法令の改正動向に注意し、自社に影響があると思われる事項を確認し、法改正があった時期に、改正事項を反映させるとともに、必要に応じて就業規則全体を見直しましょう。

③ 社員数が10名以上になったときに見直す（社員数が10名未満の会社）

法律上、就業規則の届出義務が生じたときに、就業規則全体を見直しましょう。

(2) 就業規則を見直す際に決めること

組織的に見直せるように、次の事項を決めましょう。

就業規則の見直し提案の仕方	誰が、いつ、どのような形で見直しの提案をするのか
意見集約の方法	社員からの意見集約をどのような形で行うか
社内での合意形成の方法	社内全体の合意形成をどのような方法で行うのか
PDCA の回し方	どのような形で組織的・計画的に進めていくか
担当者	担当者のメンバー構成をどうするか

(3) 就業規則を見直す方法

　就業規則を見直す方法としては、法改正を反映させることの他に、社員からの要望を反映させることや、自社の課題を改善させ反映させることがあります。

　社員からの要望については、その出された事項について「できること」「できないこと」を判断して、見直しに反映させていくことが大切です。その際に、できないと判断したことについては社員に理由を説明し、話し合いましょう。例えば、今はできないことであっても、改善することによりできるようになるのであれば、その部分を社員とともに改善していくようにしていきましょう。

　その他、前回の見直し以降に起きた出来事で判断が求められ困ったことや、対応できなかったケースなどがあれば、見直しの検討対象にしていきましょう。

　見直しの際は、就業規則の『改定計画』を作成し、まとめていくとよいでしょう。改定計画には、次のような項目を設けます。
検討事項……………………検討が必要な項目を記入する
方向性・課題など……検討の方向性、課題は何かなどを記入する
時期………………………いつまでに改正を行うのかを記入する

就業規則の改定計画記入シート（例）

検討事項			方向性・課題	改定時期
課題	時間外労働時間の削減	必須	業務の見直し	2021 年 6 月
法改正	非正規社員の賃金見直し	必須	業務の洗い出し	2021 年 4 月
社員の要望	誕生日休暇	保留	体制づくり	2024 年 5 月
課題	休職者の職場復帰	必須	復帰のためのルールづくり	2021 年 4 月

　就業規則の改定計画をつくることで、経営者と社員が会社の働く環境の現状について共通認識を持つことができます。また、経営者と社員との認識の相違点を認識し、その課題を明確にして、つくりたい会社の働く環境のイメージを共有することで、就業規則が少しずつみんなのものに育っていくのです。

第3章

「生産性向上」のための人を生かす就業規則

　本章の目的は、生産性向上を目指すために「人を生かす就業規則」
の展開の仕方を明らかにすることです。

　会社の生産性を高めることと就業規則の関係は、これまでの歴史
の中で検討されることはありませんでした。さらに言えば「就業規
則の見直しをすると人件費や福利厚生費が増加して利益が減少す
る」という受け身の見方が定説となっていました。そして「法改正
があったから、仕方なく規則を見直す」という受け身の考え方にな
りがちでした。

　しかし、就業規則は「法改正があったから仕方なく改定を考える」
という程度のものではありません。

1.「生産性向上」の関係式

　一般的な「生産性」の計算式 は、次のように示されます。

$$\text{生産性} = \frac{\text{付加価値}}{\text{労働投入量}}$$

　この計算式でも明らかなように 、生産性向上は、①分子の「付
加価値」の増大化を図ること、②分母の「労働投入量」の減少を図
ること、で実現できます。これは「労働の質の向上・飛躍による効
率化」で実現できます。

$$生産性向上 = \frac{付加価値の増大化}{労働投入量の\textbf{効率化}の実現}$$

| 労働の質の
向上・飛躍 | × | 「労働量」
(労働時間) |

②の「労働の質の向上・飛躍による効率化」は、社員教育と業務改革により実現することができます。また、就業規則は、自社にとっての「質の高い仕事の進め方」の基礎となるルールを示すことで、労働の質の向上・飛躍を支える役割を発揮します。これらを総合して「質の高い働き方」が実現できます。

この関係式を正しく理解するためには、①付加価値の定義の混乱、②利益と就業規則の関係の混乱の2つを整理する必要があります。

2. 「付加価値」の定義の混乱とは

(1) 付加価値の理解

「生産性」という言葉は、よく使われますが、その内容について統一的で明瞭な定義はありません。明瞭な定義ができない原因は、計算式の分子の付加価値の定義が様々であることに原因があります。例えば、右に行政などが示している付加価値の計算式を列挙しましたが、様々な計算式が示されており定まったものはありません。

本書では、中小企業庁が示している「売上高から他社への支払いが伴う費用を差し引いて算出したもの」という考え方を採用します。

付加価値　＝　売上高　－　外部購入価値

●中小企業庁方式（控除法）：売上高から外部購入分の価値（金額）を差し引いた考え方

　付加価値＝売上高－外部購入価値※

　　※外部購入額：材料費、部品費、商品購入、運送費、外注加工費など

●日銀方式（加算法）：製造過程で積み上げられる考え方

　付加価値＝経常利益＋人件費＋賃借料＋金融費用＋租税公課＋減価償却費

●厚生労働省

　営業利益＋人件費（役員報酬除外）＋減価償却費＋動産・不動産賃借料＋租税公課

●経済産業省関連

　営業利益＋人件費＋減価償却費

　（「中小サービス事業者の生産性向上のためのガイドライン」より）

　売上高－費用総額＋給与総額＋租税公課

　（「サービス産業×生産性研究会　第1回事務局説明資料」より）

①　付加価値の計算式

　一般的な決算書の損益計算書には、付加価値という項目はありません。任意に組み替えて表示します。

　「他社へ支払う費用」の勘定科目は、各企業の実態によって考えるとよいでしょう（他社への支払い＝外部購入価値は、材料費、購入部品費、運送費、外注加工費、社外に支払う費用など、企業によって様々です）。

　「付加価値」の構成要素を簡潔に図で表すと、次の図のようになります。

売上高	他社へ支払う費用	
	付加価値 独自に生み出した価値	
	社員と経営者への分配	役員報酬、給料手当、その他給与、賞与、退職金、福利厚生費、法定福利費
	企業運営費	減価償却費、地代家賃、賃借料、支払利息割引料
	国・自治体への分配	租税公課
	次の投資の準備	内部留保

　「自社が独自に生み出した付加価値」と、それ以外に分けて考えるということです。

　ここでは、人件費は「社員と経営者への分配」、「減価償却費」「地代家賃」や設備などの「賃借料」「減価償却」は「企業運営費としての分配」、「支払利息割引料」は「金融機関への分配」（ここでは企業運営費に統合）、その他「租税公課」は「国や自治体への分配」というグループで分けて考え方を示しています。

　獲得した付加価値をどのような意味づけで考えるかは、企業の考えで自由に決めることができます。例も参考にしながら分類しましょう。

②　付加価値を明らかにすることの効果

ア　付加価値が明らかにされることで、経営者や社員に、企業の保有するヒト・モノ・カネでどれだけの価値を生み出しているか

「見える化」できる

企業が、財務状況の説明や税務申告などのために使用している「損益計算書」では、営業利益、経常利益、当期利益が注目され、本当に生み出している価値の全体像はわかりにくくなっています。

イ　「付加価値」が増えれば、賞与や人件費を増やすことができるので、社員にとってわかりやすく、共感できる指標に使える

(2)　「労働投入量の効率化」の理解

「労働投入量」の計算には、一般的に2つの方法が例示されます。1つは、「何人が働いたのか」を表す人数ベースです。1日の所定時間が短いパートタイマーを「0.5人」としたりしているようです。もう1つは、「全員の総労働時間を合計して計算」するマンアワーベースです。「労働投入量」についてこだわって考えている企業も、この2つのどちらかで考える程度でしょう。

大切なことは、「効率化」です。

「労働投入量の効率化」のためには「労働の質の向上・飛躍」が必要です。

労働の質の向上・飛躍　×　労働量（労働時間）　＝　労働投入量の効率化

上記の式のポイントは、「労働量」（労働時間）は、生産性の高い企業も生産性の低い企業も、平等に同じ「時間」だということです。この式の「労働の質的向上・飛躍」が「生産性の向上」の実現のカギだということです。この関係式の考え方を理解することが大切です。

⑶ 「労働の質的向上・飛躍」の実現が大切

① 「自社の固有技術は何か」を労使が認識し、その先鋭化のための社員教育と業務改革を実行し、「労働の質の向上・飛躍」を実現することです。
② 「質の高い仕事の進め方」が不可欠だということです。就業規則に基づき労使の信頼関係を確立し、これを基礎にした社内の良いコミュニケーションと人間関係を育て、職場規律がしっかりと確立された就労ができていることです。
　この「労働の質的向上・飛躍」の実現については、後述の **4.** でさらに検討を加えます。

▌ 3. 利益と就業規則の関係の混乱とは

　本来「経営指針と就業規則とは、補完し合い会社を支える力になる」という関係で効果を発揮すべきですが、必ずしもそうなってはいません。
　その理由は、経営者が「働く環境」の諸条件の水準を考えるとき、「利益が出れば、その範囲で」と考えがちなところにあると考えます。また、「利益を出す」ことと「就業規則の整備や働く環境づくり」は「無関係」、もっと言えば「相反する」ことだと考えがちである点も問題です。率直に言えば、腹の底では「働く環境」に関わる支出を、他の電気代、水道代、消耗品などの「販売費および一般管理費」と同じように低廉に抑え、「利益を残したい」と思っているのではないでしょうか。
　当然ですが、経営を維持発展させるためには、利益は不可欠です。「働く環境」の諸条件の水準を向上させるためには、その原資としての利益が必要であることは当然のことです。
　しかしながら、就業規則が「労使の信頼関係の基礎」となっていないのであれば、業務を遂行させるためのワークルールとしての役

割だけではなく「労使の信頼関係の基礎」としての役割を果たせるよう、次の問題に取り組む必要があります。

(1) 問題点1：「就業規則」や「働く環境づくり」と「利益」の関係を逆立ちして捉えている

この問題を解決するには、経営者の姿勢・覚悟が大切です。「利益を出す」ことと「就業規則」や「働く環境づくり」に取り組むことを位置づけることです。

そのために「10年後に自分と家族の生活や企業内での役割は、どうありたいか」を経営者が率先して語り合い、その共通の想いの実現を目指すことを提起することです。社員にとって、自らの人生と家族の将来が幸せになることと、企業の発展が両立される関係が明らかになり理解されれば、その実現のための方針や計画、目標、行動のあり方、職場のあり方、社風をつくることは社員自らの課題となります。

(2) 問題点2：社員を「利益を出すための道具」程度にしか見ていない

「成果主義で社員を追い詰めれば成果の高い業績をあげる企業になれる」「厳しい服務規程を定めれば、問題社員に退場（退職）してもらえる」など、専門家による営業トークを真に受け、社員を「利益を生み出すための道具」のように考えていては、労使の真の信頼関係は育ちません。心のこもった社員との信頼関係が育つわけはありません。育つのは「不信」です。

「質の高い仕事の進め方」ができる組織となるためには、第1部の事例でも紹介しているように、就業規則を労使の信頼関係の基礎として、社員に公開し、語り合い、積極的に見直しを進めることです。就業規則を職場規律の基本として運用することが大切です。

4. 「労働の質の向上・飛躍による効率化」を実現する

　質の高い業績や成果を出している中小企業には、その特徴として、次の図のような関係があります。大切なことは、この関係は「掛け算」の関係だということです。

労働の「質」の向上・飛躍	=

質の高い専門性		質の高い仕事の進め方
・自社の固有技術の先鋭化を担う ・社員教育＋業務改革		・経営指針に基づく高い士気のもとで全社一丸の経営 ・就業規則などに基づく職場規律のしっかりと確立した就労時間 ・良い人間関係＋業務改革

　顧客から支持され選ばれるために、優れた商品やサービスを生み出す「質の高い専門性」が不可欠です。同時に、その商品やサービスを提供する集団が相互に支え合い人間らしく育ち合える集団となり、「質の高い仕事の進め方」ができることも大切です。「質の高い専門性」が100点でも、「仕事のすすめ方」が0点では、質の高い成果は実現できないという関係式です。

　就業規則を基礎にした職場規律を基礎に、労使の信頼関係を確立し「質の高い仕事の進め方」ができるチームワークを育て、ひいては人間らしく育ち合える職場づくりに取り組むことが、「労働の質の向上・飛躍」の源泉となります。そのためには、次の3点が必要です。

⑴ 「自社の存在意義」と「自社の固有技術は何か」を労使がともに学び先鋭化する

　社員とともに自社の存在意義を改めて問い直し、自社の商品やサービスが、地域社会や顧客からどのような点で信頼や期待されているのかを明らかにするとともに、「自社の固有技術は何か」を明らかにし、全社一丸でその先鋭化を目指します。

⑵ 「付加価値」の増加と、賃金等の「働く環境づくり」の将来ビジョンの関係を明らかにする

　この実現を目指して、労使がともに信頼し力を発揮する関係に満ちた豊かな人間集団となることです。

⑶ 就業規則を基礎にした職場規律を確立し、社員の創意や自主性が十分に発揮できる理念と社風を確立する

　規律が乱れただらしない職場では、社員の創意性や自主性は育ちません。就業規則を基礎に、社員の創意や自主性を重視する理念と社風を確立し、社員を最も信頼できるパートナーと考え、ともに育ち合う教育を重視することです。

5. 「付加価値計算書」で経理を公開して「質の高い仕事の進め方」を実現する

　「働く環境」の諸条件の水準を向上させるためには、その原資としての利益が必要です。一般的に使われる損益計算書には次のようないくつかの利益が表示されていますが、中小企業経営者として重視すべき利益について、深く考えずに使っているかもしれません。

ここで、改めて利益とは何かを考えるために計算過程を確認してみましょう。

売上総利益	売上高から売上原価を差し引いた利益
営業利益	売上総利益から販売費および一般管理費を差し引いた利益
経常利益	営業利益に営業外収益を加え、営業外費用を差し引いた利益
税引前当期純利益	経常利益に特別利益を加え、特別損失を差し引いた利益
当期純利益	税引前当期純利益から法人税等を差し引いて算出した利益

　営業利益は、売上総利益（いわゆる粗利益）から販売費および一般管理費（働く環境に関係する人件費等が混在した額）が差し引かれた額です。この営業利益を高めるには、①売上高を増やし、②仕入額を減らし、③販売費および一般管理費を減らす、となります。

　問題は、販売費および一般管理費の費用グループに人件費等があることです。営業利益を最大にするには、販売費および一般管理費は限りなく減らすべき対象となるからです。

⑴　損益計算書の営業利益では社員の理解は得られない

　心ある経営者は、社員のことを考え「利益が出れば人件費等に充てたい」と考えるのですが、その利益の指標となる営業利益の計算過程に人件費等が入っているのです。

　このように、損益計算書の営業利益では、「利益をあげるために減らすこと」を目指す項目と「社員のために人件費等を向上させたい」と目指す項目が混在し、引き算をした後に別途足し算をして考えることが求められます。

　さらに言えば、この損益計算書は税務申告や投資家のために作成

されており、その視点から勘定科目を損失と利益の2つに分けています。人件費は損失のグループに含まれてしまうこととなりますが、社員の視点からは人件費を損失とする考え方は理解を得られないでしょう。

⑵　中小企業では「付加価値計算書」で考えるのがおススメ

　そこで、中小企業では、自社の「賃金の原資」を生み出す付加価値をわかりやすく表示する「付加価値計算書」で考えることを推奨します。「質の高い仕事の進め方」ができる労使関係を確立するためにも、経理の公開は大切です。

　「付加価値計算書」で経理を公開すると、賃金等の原資である利益を生み出す過程を明らかにすることができます。この「付加価値計算書」には定まった形式はありませんので、次の図を参考に作成してみましょう。

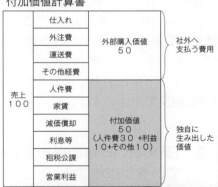

従来の損益計算書

	仕入れ	売上原価 40
売上 100	外注費	
	運送費	販管費 一般管理費 50 （人件費30 ＋他20）
	その他経費	
	人件費	
	家賃	
	減価償却	
	利息等	
	租税公課	
	営業利益	利益 10

付加価値計算書

	仕入れ	外部購入価値 50	社外へ 支払う費用
売上 100	外注費		
	運送費		
	その他経費		
	人件費	付加価値 50 （人件費30 ＋利益 10+その他10）	独自に 生み出した 価値
	家賃		
	減価償却		
	利息等		
	租税公課		
	営業利益		

　・賃金は、全社一丸となって獲得した付加価値の分配であることを明らかにできる。

「付加価値計算書」を作成すると、自社の財務数値を社員一人ひとりにわかりやすく公開することができます。社員から見ても、人件費がどのように生み出されているかがわかりますので、人件費などの付加価値増大のために「増やさなければならないこと」「減らさなければならないこと」が見えてきます。

　経営指針ではこの「付加価値」を高める方針と計画を示し、労使はその実現のために「就業規則」という規律をもって実行します。

　付加価値の増大を目指す経営指針を実行することが、すなわち社員と家族の生活や将来のための原資を生み出すことと理解できれば、決定した目標や方針は、社員自らのための課題であることが生き生きと理解できます。そして、この理解が深まることによって、「経営指針と就業規則とは、補完し合い会社を支える力」ということが労使の共通認識となります。

　理解を深めるためにお勧めしたいのが、「付加価値計算書」を使った、①「売上高」を増やすこと、②「仕入・外注費」を低減すること、③人件費を除く「運送費その他経費」を低減すること、の３つの行動が会社の付加価値を高める、という社員教育の実施です。

　「質の高い仕事の進め方」ができる労使関係を確立するためにも、「付加価値」を生み出す自社の財務の構造をわかりやすく社員に公開し、教育することが大切です。「付加価値計算書」を作成し公開することで、労使が力を合わせて努力する方向が明らかになり、労使の信頼関係を深めます。

6. 「質の高い仕事の進め方」を実現できる就業規則となっているか点検する

　就業規則は労使の信頼関係の基礎であり、人間らしく育ち合える職場づくりの基本です。また、チームワークを育て、質の高い仕事を進める職場づくりのためのルールでもあり「質の高い仕事の進め方」に不可欠です。

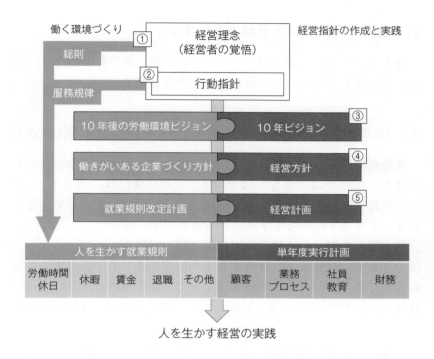

就業規則が「質の高い仕事の進め方」に力を発揮するために、次に示す5つを検討するとよいでしょう（(1)と(2)は「就業規則」の表し方の工夫です。(3)から(5)は就業規則とは別に考えて表すことになるでしょう）。

(1) 「べからず集」の服務規律となっていないか、「行動指針」から改めて服務規律を具体化してみる

「経営理念」や「行動指針」を作成している会社は、その「行動指針」をあてはめて服務規律を考えると、生き生きとした就業規則になります。

⑵ 社内で使っている言葉で表記する

　例えば、「である」調ではなく「です、ます」調で表現したり、「賃金」ではなく「給与」と表現したりするなどです。

⑶ 10年後の労働環境ビジョンを社員とともに語り合い、表してみる

　就業規則にイラストや写真を入れてはいけないという法律はありません。現状ではできないことでも、「10年後にはこうなりたい」という経営者や社員の夢や希望を語り合い、ビジョンとして明記したり、イラストにしたりすることも方法です。

　第1部の事例でも、就業規則の中に絵や写真を入れているケースはあります。就業規則に将来のありたい姿をカットで表示することも方法です。このような取組みによって、就業規則が社員にとっては「自分達のワークルール」となり、生き生きとしたものになります。

⑷ 働きがいのある企業づくりの方針や未来年表を表明してみる

　10年後の働く環境ビジョンを念頭に置いて、「経営指針」にはそれに向かってどのようなステップを踏んでいくか、業界や社会の動向も入れながら年表を書き込んでいくと「何をなすべきか」が見えてきます。

⑸ 付加価値向上のための中期計画や単年度計画などを作成する

　これらは、就業規則と連動しながら将来のあるべき水準を表して、計画実行の指針となります。

結びに代えて　〜SDGsから考える働く環境づくり〜

　2015年に国連総会で採択されたSDGsは、持続可能な社会の実現を目指す人類全体の開発目標として立てられました。このアジェンダ（行動計画）の中には、「あらゆる形態及び側面において貧困と飢餓に終止符を打ち、すべての人間が尊厳と平等の下に、そして健康な環境の下に、その持てる潜在能力を発揮することができることを確保すること」、「すべての人間が豊かで満たされた生活を享受することができること」も決意として述べられています。

　また、17の目標の中には、働く環境づくりに取り組むうえでも検討すべき課題が多く挙げられています。

　こうした世界的な取組みは、ややもすれば遠い場所で起きていることのように思えますが、グローバル化が進む世界の中では、中小企業も国際的なサプライチェーンの中に組み込まれているのが現実です。国際的なイベントや大手企業では、調達コードの中にSDGsや国際労働基準などが盛り込まれるケースが増えてきています。

　SDGsには、人権尊重の考え方がベースにあるといわれていますが、2011年には国連で「ビジネスと人権に関する指導原則」が採択され、ビジネスを進めるうえで「人権」を重視する流れが強まっています。

　日本でも2020年に政府が「『ビジネスと人権』に関する行動計画（2020−2025）」を策定し、企業にも人権尊重の取組みを呼びかけています。人々の意識や社会の中にも、こうした課題意識は少しずつ浸透してきているといえるでしょう。特に、働き方改革の普及とともに「人々の完全かつ生産的な雇用と働きがいのある人間らしい雇用（ディーセント・ワーク）」を中心とした持続可能な働き方への関心は、高まってきているといえます。

　そこで、本書の結びに代えて、我々中小企業経営者にとっても避けては通れない課題として、SDGsの目標に沿って働く環境づくりについて考えてみたいと思います。

目標1：あらゆる場所のあらゆる形態の貧困を終わらせる

　もちろん、日本は世界的に見れば裕福な国ではありますが、貧困の問題自体が解消されているわけではありません。むしろ、相対的貧困率（等価可処分所得の中央値の半分に満たない状態の世帯の率）は先進国の中でも高い水準にあり、相対的貧困に陥っている世帯が多い国といわれています。

　中でもひとり親家庭の貧困率は諸外国に比べて高く、特に母子家庭の世帯収入は平均と比べて著しく低くなっており、教育格差につながっているとの指摘もあります。

　こうした日本の貧困をなくすためには、国の政策ももちろん重要ですが、会社がひとり親家庭の親など様々な家庭環境を抱える方でも働きやすい環境を構築し、十分な賃金を支払うことのできる経営を行う必要があります。

目標4：すべての人々に包摂的かつ公正な質の高い教育を提供し、生涯学習の機会を促進する

　この「教育」には、一般的な学校教育だけでなく、技術的・職業的スキルなど、働きがいのある人間らしい仕事に必要な技術を身に着けさせる教育も含まれます。

　会社において、社員教育は重要な課題です。社員一人ひとりが高い水準の技術や社会人としての能力を持つことが強い会社になる要件の一つであることは、言うまでもありません。

　しかし、中小企業では日々の業務に追われ、十分な社員教育の機会が設けられない会社も多くあります。そうした会社でも、評価制度なども含め、社員の能力向上への取組みを忘れないようにしなければ、会社の存続と発展は非常に難しいものとなるでしょう。

目標5：ジェンダー平等を達成し、すべての女性および女児のエンパワーメントを行う

　日本では女性の社会進出が遅れているといわれています。世界経済フォーラムが公表した各国の男女格差を測るジェンダーギャップ指数2020でも、153カ国中121位と非常に低い評価でした。この目標は、日本にとって重い課題といえます。そして、女性の社会進出については、会社の責任も重く、働く環境づくりにおいても特に取り組むべき事項といえるでしょう。

　注意すべきは、女性の社会進出とは、女性が働きやすい環境を構築するだけでは不十分であるということです。ジェンダー平等を達成するためには、女性の社会進出と同じように、男性の家事への進出も進める必要があります。

　男女平等は家庭からはじまるという意識を持ち、男性も家事や育児に関わりやすい環境を社内で構築していくことが大切です。

　女性はもちろん男性も育児休業を取りやすく、復帰しやすい環境づくりや、育児休暇や家族の行事休暇などの制度も検討するとよいでしょう。

　もちろん、女性の管理職や専門職への登用、賃金水準の向上に取り組むことも大切です。

目標8：包摂的かつ持続可能な経済成長およびすべての人々の完全かつ生産的な雇用と働きがいのある人間らしい雇用（ディーセント・ワーク）を促進する

　SDGsの目標の中で、もっとも働く環境づくりと関連が深い目標です。

　ディーセント・ワークという言葉は、昨今、働き方改革とともに広く認識されるようになってきました。ディーセント・ワークとは、社員の尊厳と健康を損なわず、人間らしい生活を継続的に営める仕

事のあり方といえるでしょう。

　ディーセント・ワークの実現のためには、最低限、会社が労働関係諸法令を遵守する姿勢が必要です。なぜなら、法で定められた労働者の最低限の権利を認めなければ、社員の尊厳を損なわない雇用とはいえないからです。

　その中には当然、労働保険や社会保険に社員を加入させることも含まれています。法的に認められた社会保障へのアクセスを守ることは、人間らしい生活を継続的に営める労働環境の実現に必要なことといえます。

　また、同一労働同一賃金の実現も重要です。賃金について公正な基準を設けることは、正規・非正規、国籍、性別、障害の有無等による差別的な取扱いを生まないために必要な取組みであるからです。

　その他にも教育の機会の提供や賃金水準の向上など、取り組むべきことは多くあります。

　そして、「包摂的かつ持続可能な経済成長」のためには、会社自体の発展も重要です。

　働く環境づくりを行う中で、高い志気のもとに、社員の自発性が発揮される状態を会社内に確立する努力が決定的に重要です。そのためには、経営者が一方的に働く環境づくりを行うのではなく、社員とともに、十分なコミュニケーションのもと、計画的に進めていくことが必要になるでしょう。

　ディーセント・ワークの実現は、社員の採用と定着にとっても好ましい影響を与えるでしょう。会社を維持発展させるためには、計画的な採用と社員の定着は、重要な前提条件です。優秀な社員を採用し、教育し、力を発揮してもらいながら長く働いてもらう、このような環境づくりに継続的に取り組むことが、会社の成長とディーセント・ワークが両立した会社の姿といえるでしょう。

目標 17：持続可能な開発のための実施手段を強化し、グローバル・パートナーシップを活性化する

　あらゆる段階でのパートナーシップが重要であることが示されています。SDGs の実現や働く環境づくり、法令遵守などに取り組む際には、多くの情報が必要になります。中小企業が自社のみでこうした情報を収集・分析し、実効性のあるノウハウを構築することは難しいでしょう。

　こうしたことに取り組む様々な団体やグループが、日本中にあります。そうした団体等に所属して情報やノウハウを学ぶことも、実践のためには必要になってくるでしょう。本書をお読みの皆様の中にも何らかのグループ等に所属され、パートナーシップを実践されている経営者の方も多いかと思います。

　本書を監修した中小企業家同友会全国協議会も、中小企業家が集い日々学びを深める活動を行う、全国各都道府県の中小企業家同友会の協議会です。中小企業家同友会では、自主的かつ民主的に各会員が連帯し、中小企業が強靭な経営体質をつくり、経営者に要求される総合的な能力を身につけ、中小企業をとりまく環境を改善することを目的として活動しています。

　本書も、国民や地域とともに歩む中小企業を目指し、人を生かす経営の実践に取り組む活動の一環として、出版するに至りました。

　本書の第 1 部で紹介した各社も、同友会会員会社の中から取組みを収集、抜粋したものであり、本書では紹介しきれなかった、多くの優れた取組みをされている会社が数多く存在します。こうした会社も同友会での学びの中から様々なヒントを得て、実行に移しています。

　もし、本書の読後、より多くの情報や学びを得たいという経営者の方が各都道府県の中小企業家同友会を訪ねていただければ、お力になれることも多くあるでしょう。

SDGs の目標はここで紹介したものの他にも、多岐にわたります。紹介した他にも、自社の経営に活かすことのできる様々な目標があります。2021 年現在、大きな問題となっている新型コロナウイルス感染症への対応は、会社にとっても大きな課題ですが、目標 3「あらゆる年齢のすべての人々の健康的な生活を確保し、福祉を促進する」の実現に欠かせない課題でもあります。

　時代によって人々の意識や社会的な課題は目まぐるしく移り変わります。会社においては、変わっていく社会の中で変わることのない理念を掲げ続けることも重要であると同時に、時代に応じて変化していく力も重要です。

　社会的課題を常に把握し、社員の意識の変化も敏感に察知し、対応し変化していく会社こそが、今後の世界の中で持続可能な会社といえるでしょう。

資　　料

中小企業家同友会とは

　「同友会」は、1957 年 4 月 26 日に日本中小企業家同友会（現東京中小企業家同友会）として東京で創立し、その後、1969 年 11 月 17 日に、東京・大阪・名古屋・福岡・神奈川の 5 同友会が、会員数 700 名弱で「中同協」を結成しました。2021 年 6 月 1 日現在では、47 都道府県で 45,480 名の会員となっています。

　「同友会」は、中小企業家が自主的に参加し、手づくりの運営を心がけ、中小企業家のあらゆる要望に応えて活動するという特色があります。また、考え方や社会的立場、業種、企業規模にとらわれず、大いに見聞を広め、企業の繁栄を目指そうとする中小企業家であれば、誰でも入会できます。

　「同友会」の理念は、①「よい会社をつくろう」「よい経営者になろう」「よい経営環境をつくろう」という「3 つの目的」、②「自主・民主・連帯の精神」、③「国民や地域とともに歩む中小企業を目指す」の 3 つの柱で構成されています。

　中小企業家同友会の最も大きな特徴は、「中小企業における労使関係の見解」（略称「労使見解」、269 ページ参照）に基づき、労使の信頼関係を強める活動に取り組んでいることです。

　この「労使見解」には、①経営者の経営姿勢の確立、②経営指針の成文化と全社的実践の重要性、③社員を信頼できるパートナーと考え、高い次元での団結を目指しともに育ち合う教育を重視する、④外部環境の改善に労使が力を合わせて取り組む、という 4 つの学ぶべき柱があります。

　この「労使見解」に基づく学びと実践を通して、労使が主体的に「相互に理解し合って協力する新しい形の労使関係」を追求し、企業の発展と働く環境づくりを統一して実践しています。

　中小企業家同友会全国協議会ホームページ：https://doyu.jp

中小企業における労使関係の見解 (労使見解)

1. 経営者の責任

　われわれ中小企業をとりまく情勢や環境は、ますますきびしさを加え、その中で中小企業経営を維持し発展させることは並大抵のことではありません。しかし、だからといってわれわれ中小企業経営者が情勢の困難さを口実にして経営者としての責任を十分果たさなかったり、あきらめたり、なげやりにすることが間違いであることはいうまでもありません。

　経営者は「中小企業だから、なにも言わなくても労働者や労働組合はわかってくれるはずだ」という期待や甘えは捨て去らねばなりません。これでは自らの責任を果たしているとはいえないのです。

　経営者である以上、いかに環境がきびしくとも、時代の変化に対応して、経営を維持し発展させる責任があります。経営者は企業の全機能をフルに発揮させて、企業の合理化を促進して生産性を高め、企業発展に必要な生産と利益を確保するために、全力を傾注しなければなりません。

　そのためには、われわれ経営者は資金計画、利益計画など長期的にも英知を結集して経営を計画し、経営全般について明確な指針をつくることがなによりも大切です。同時に現在ほどはげしく移り変わる情勢の変化に対応できる経営者の能力（判断力と実行力）を要求される時代はありません。

　新製品、新技術の開発につとめ、幹部を育て、社員教育を推進するなど、経営者としてやらねばならぬことは山ほどありますが、なによりも実際の仕事を遂行する労働者の生活を保障するとともに、高い志気のもとに、労働者の自発性が発揮される状態を企業内に確立する努力が決定的に重要です。

　経営の全機能を十分に発揮させるキーポイントは、正しい労使関係を樹立することであるといっても過言ではありません。

2. 対等な労使関係

　労使関係とは労働者が労働力を提供し、使用者はその代償として賃金を支払うという一定の雇用関係であると同時に、現代においてはこれを軸として生じた社会的関係でもあります。

　企業内においては、労働者は一定の契約にもとづいて経営者に労働力を提供するわけですが、労働者の全人格を束縛するわけではありません。

　契約は双方対等の立場で取り交わされることがたてまえですから、労働者が契約内容に不満をもち、改訂を求めることは、むしろ当然のことと割り切って考えなければなりません。その意味で労使は相互に独立した人格と権利をもった対等な関係にあるといえます。

　憲法や労働三法などによって労働者は個人的にも、労働組合としても基本的権利が定められています。経営者としては、労働者、労働組合の基本的権利は尊重するという精神がなければ、話し合いの根底基盤が失われることになり、とても正常な労使関係の確立はのぞめません。

　しかし、以上のことは＜1.経営者の責任＞の項と対立するものではありません。すなわち、人格としてまったく対等であるが、企業の労働時間内では経営権の下における管理機構や、業務指示の系統は従業員にとって尊重されるべきものです。

3. 労使関係における問題の処理について

　中小企業経営者と労働者は経営内において雇用と被雇用の関係という点で立場がまったくちがうわけですから、労使の矛盾や紛争がまったくなくなるということは決してありません。

　労使の間で日常不断に生まれてくる労働諸条件やその他多くの問題の処理については、労使が対等な立場で徹底的に話し合い、労働組合のあるところでは団体交渉の場において解決することが原則であると考えます。

　団体交渉の内容方法は労使双方の意識水準、歴史の過程、全人格

がすべて投影されるわけですから、一定の公式などあるはずはありません。

　つまらないことから相互不信を招かないような、ごく一般的な手法は必要不可欠ですが、基本的には誠心誠意交渉にのぞむ経営者の姿勢、態度こそ、もっとも大切なことです。経営者が労働者の立場、考え方、感情をできるかぎり理解しようという姿勢は話し合いの前提でありますし、また労働条件の改善について実行できること、また必要なことは積極的に取り組むという姿勢が大事です。

　しかし同時に、いわゆるものわかりの良い経営者がイコール経営的にすぐれた経営者とはいえません。

　労働条件の改善について、直ちに実行できること、実行について検討してみること、当面は不可能なことなどをはっきりさせることが必要です。

　もし、それを実行しなければ経営は前進しないし、経営者として従業員にも責任を負えないような重要問題については、全情熱をかたむけて労働者を説得し、あらゆる角度から理解と協力を求める努力をつくさなければなりません。

　労使のコミュニケーションをよくすることは経営者の責任です。「当社の労働者は、ものわかりが悪い」といくら愚痴をこぼしても問題は一歩も前進しません。そのためには、労使間の問題を団体交渉の場で話し合うだけでは不十分です。

　職場内の会社組織を通じ、その他あらゆる機会をとらえて、労使の意思の疎通をはかり、それぞれの業界や企業のおかれている現状や、経営者の考え、姿勢をはっきり説明すると同時に、労働者の意見や、感情をできるだけ正しくうけとめる常日頃の努力が必要です。

4. 賃金と労使関係について

　労働者と労働組合は、高い経済要求をもっており、労働時間の短縮をつよくのぞんでいます。経済的要求については、高度成長政策、インフレ政策のもとでの労働者の生活実態をよく考え、産業別、業

種別、地域別、同業同規模企業などの賃金実態、初任給などを比較検討し、その上で誠意をもって話し合い、交渉するという態度を堅持します。

　しかし現実には、企業の力量をよく見きわめ、企業発展の経営計画をあきらかにしめし、長期、短期の展望のなかで、妥協できる節度のある賃金の引き上げをはかることがのぞましいと考えます。そのためにも

社会的な賃金水準、賃上げ相場

企業における実際的な支払い能力、力量

物価の動向

という3つの側面を正確につかみ、労働者に誠意をもって説得し、解決をはかり、一方、その支払い能力を保証するための経営計画を、労働者に周知徹底させることが必要です。このように節度ある賃金の引き上げをはかるためにも労使が協力しなければ達成できないでしょう。

　経営者は昇給の時期、その最低率（額）および賞与の時期、その最低率（額）と方法などについて明確にできるものは規定化するよう努力すべきです。

　また、労働者と労働組合が、きわめて強い関心をもっている労働時間の短縮についても社会的趨勢としてこれをとらえ、一歩一歩着実に、産業別や業界の水準に遅れぬよう、そのプログラムを事前に組む必要があります。

5. 労使における新しい問題

　産業構造高度化の進展と、ぎりぎりまでの近代化、合理化の進行の過程の中で労働者の人間性回復の問題が新しく登場します。

　労働者の職場選択の最大の要素として「やりがいのある仕事」が第一位にランクされています。労働者の雇用の促進と定着性の問題を考えてみても、このことは、非常に大切です。労使関係には、ただたんに経済的な労働条件だけでは解決できない要素があることを

重視する必要があります。

　労働は苦痛であるという面もありますが、その中で労働者は「やりがいのある仕事」、労働に対する誇りと喜びを求めていることも事実です。

　技術革新の進む中で、仕事はますます単純化され合理化されるので、なおいっそう、労働者の労働に対する自発性と創意性をいかに作り出していくかは、とくに中小企業家の関心をもつべき大きな課題です。

6. 労使関係の新しい次元への発展

　われわれは、労使関係について長い苦悩にみちた失敗の経験と、いくつかの成功の経験をもっています。しかし、まだ経験を一般化するまでに経験の交流と討議を経ていません。

　労働組合がつくられて間もない経営、頻繁にストライキを反復され、労使紛争のたえない経営、二つの分裂した労組のある経営、労働組合がつくられ、長い年月を経て相互の切磋琢磨によって高い次元にまで達した労使関係をもつ経営などがあります。

　われわれ中小企業家は、その企業内の労働者と労働組合の団結の強さの度合い、上部組織の関係、その思想意識の状態などに十分対応できる能力をもたなければならないと考えます。

　中小企業においては、家族的で人間のふれあいのある労使の関係、労働組合のあるなしにかかわらず、積極的に労働条件を改善するとともに、意志疎通をはかることによって、相互の信頼感が十分に形成されている労使関係など、中小企業として、社会経済情勢の変化に即応した労使の関係がつくられてきました。

　しかしある程度の認識や関心をもっていても、労働組合の結成時や社会経済情勢の激変期、また、誠意をもって話し合っているにもかかわらず団体交渉において行きづまりが生じた場合などは、労使の親近感が急速に崩れることさえあります。

　中小企業といえども、時には対立や紛争状態も避けられない場合

があり、このような過程をたどりながら、新しい次元の相互の信頼へとすすむものと考えます。

　労使は、相互に独立した権利主体として認めあい、話し合い、交渉して労使問題を処理し、生産と企業と生活の防衛にあたっては、相互に理解しあって協力する新しい型の労使関係をつくるべきであると考えます。このような中小企業における労使の関係が成立する条件はいま、社会的に成熟しつつあります。

7.　中小企業における労働運動へのわれわれの期待

　中同協（同友会）は、中小企業をとりまく社会的、経済的、政治的環境を改善し、中小企業の経営を守り、安定させ、日本経済の自主的、平和的な繁栄をめざして運動しています。

　それは、大企業優先政策のもとで、財政、税制、金融、資材、労働力の雇用や下請関係、大企業との競争関係の面で多くの改善しなければならない問題をかかえているからです。

　そしてまた、中小企業に働く労働者の生活についても深い関心をはらい、その労働条件の改善についても努力をつづけてきました。しかし、必ずしも大企業の水準に達していない状態については着実に改善をはからなければならないと考えています。

　また中小企業家がいかに企業努力を払ったとしても、労使関係に横たわるすべての問題を企業内で解決することは不可能であり、労働者、労働組合の生活と権利を保障するために、民主的な相互協力関係をきずきあげる持続的な努力が双方に課せられると考えます。相互にその立場を尊重しあい、相手に対して一面的な見方や敵対視する態度を改めることが必要です。

　公営企業や大企業とちがって、中小企業における「労働運動の要求とたたかい」においては、中小企業の現実に立脚して、節度ある「たたかい」を期待するとともに、労使間の矛盾、問題の処理にあたっては、話し合いを基本とするルールを尊重して解決点を見出すことを期待します。

国民生活のゆたかな繁栄のために中小企業の存立と繁栄は欠くことのできないものであり、中小企業における労働者、労働組合にとってもその安定性のある企業と職場は生活の場であり、社会的に活動するよりどころとして正しく理解するよう期待します。

8. 中小企業の労使双方にとっての共通課題

　前にも述べたように「中小企業家がいかにして企業努力を払ったとしても、労使関係に横たわるすべての問題を企業内で解決することは不可能」です。

　なかでも、物価問題、住宅問題、社会保障問題、福利厚生施設問題などは企業内では解決できず、当然政府ならびに自治体の問題、政治的に解決をはからなければならないきわめて重大な問題です。

　これらの問題を解決するために積極的に運動することは、中小企業家としての責任であり、また、自己の経営の労使関係にも重大なかかわりがあるのだ、という自覚をもって同友会運動をより積極的に前進させなければなりません。

　広く中小企業をとりまく諸環境の改善をめざす同友会運動は、そこに働く労働者の問題でもあり、その意味において中小企業経営者と中小企業労働者とは、同じ基盤に立っていると考えます。

　中小企業家同友会全国協議会は、ここに参加する中小企業家のたえまない努力によって、ここに述べられているような労使関係の改善と確立のために奮闘するとともに、全国のすべての中小企業家と労働各団体にもこの見解の理解を求め、ひろめるよう努力するものです。

中小企業家同友会全国協議会
働く環境づくりプロジェクトチームメンバー略歴紹介
（50 音順）

林　哲也（はやし　てつや）

〈肩書、資格〉
香川県ケアマネジメントセンター株式会社　代表取締役
社会保険労務士法人合同経営　代表社員
特定社会保険労務士

〈所属する同友会〉
中小企業家同友会全国協議会　経営労働委員長
香川県中小企業家同友会　代表理事

〈略歴〉
香川県高松市にて 1995 年に開業。同年、（株）合同経営設立。1996 年、労働保険事務組合設立。2014 年 1 月に行政書士法人と社会保険労務士法人設立、2015 年に税理士法人設立。現在、行政書士 5 名、社労士 7 名、税理士 3 名。その他職員を含めて 56 名でワンストップサービスを提供。あわせて 1999 年、香川県ケアマネジメントセンター（株）を設立し、現在 7 名のケアマネージャーがケアプラン作成業務を行っている。

〈事務所 URL・住所等〉
事務所 URL：http://www.godo-k.co.jp/
高松オフィス：〒 760-0080　香川県高松市木太町 3396-11
横浜オフィス：〒 231-0047　神奈川県横浜市中区羽衣町 3 丁目 60 羽衣町京浜ビル 8F（社労士法人）

藤浦　隆英（ふじうら　たかひで）

〈肩書、資格〉
特定社会保険労務士
レイバーセクション　所長

〈所属する同友会〉
中小企業家同友会全国協議会　経営労働副委員長

一般社団法人　東京中小企業家同友会　理事

〈略歴〉
1978 年東京都生まれ。2013 年開業登録。2016 年に 40 年続く社会保険労務士事務所レイバーセクションを事業承継。著書に『求人票や雇用契約書に書くことをまとめ直すだけで手間なく簡単にできる就業規則のつくり方』（共著・日本法令）

〈事務所 URL・住所等〉
http://labor-section.jp/

堀内　れい子（ほりうち　れいこ）

〈肩書、資格〉
特定社会保険労務士
キャリアコンサルタント
特定非営利活動法人日本キャリア開発協会　キャリアカウンセラー（ＣＤＡ）
社会保険労務士法人つむぐ　代表特定社員

〈所属する同友会〉
神奈川県中小企業家同友会　横浜ブロック所属

〈略歴〉
2012 年 3 月、堀内れい子社会保険労務士事務所を設立。その後、2021 年 2 月に社会保険労務士法人つむぐを設立。ユーキャン社会保険労務士講座での 18 年間の講師経験を活かし、労働法セミナーや企業研修などを担当。また、労働基準監督署等での相談業務の経験を活かし、労使双方の声を生かす労働環境づくりに取り組んでいる。著書に『スッキリ衛生管理者第 1 種・第 2 種』（ＴＡＣ出版）。

〈事務所 URL・住所等〉
https://sr-tsumugu.jp

山本　誠（やまもと　まこと）

〈肩書、資格〉
社会保険労務士法人やまもと事務所　代表社員
行政書士やまもと事務所　所長

株式会社プラスサポート　代表取締役
特定社会保険労務士
行政書士

〈所属する同友会〉
千葉県中小企業家同友会　経営指針委員会と手賀沼支部に所属

〈略歴〉
千葉県柏市にて、1996 年社会保険労務士・行政書士として開業
2004 年株式会社プラスサポートを設立

〈事務所 URL・住所〉
事務所 URL：https://office-yama.jp/

米山　正樹（よねやま　まさき）

〈肩書、資格〉
特定社会保険労務士
社会保険労務士法人プラスワン労務代表社員
株式会社プラスワン・コンサルティング代表取締役

〈所属する同友会〉
埼玉中小企業家同友会政策委員長

〈略歴〉
1959 年山梨県生まれ。新聞社、人事コンサルタント会社に勤務後、2002 年独立。
主な著書に『労務トラブル予防・解決に活かす "菅野「労働法」"』（共著・日本
法令）、執筆に『月刊ビジネスガイド』（日本法令）ほか

〈事務所 URL・住所等〉
https://plusone.or.jp/

中小輝業への道　　　　　　　　　　　　令和3年7月10日　初版発行
～就業規則と「働く環境づくり」で成長する　令和3年8月1日　初版2刷

検印省略

 日本法令®

監　修　中小企業家同友会全国協議会
著　者　働く環境づくり
　　　　プロジェクトチーム

〒101-0032
東京都千代田区岩本町1丁目2番19号
https://www.horei.co.jp/

発行者　青　木　健　次
編集者　岩　倉　春　光
印刷所　日本ハイコム
製本所　国　　宝　　社

（営　業）　TEL　03-6858-6967　　Eメール　syuppan@horei.co.jp
（通　販）　TEL　03-6858-6966　　Eメール　book.order@horei.co.jp
（編　集）　FAX　03-6858-6957　　Eメール　tankoubon@horei.co.jp

（バーチャルショップ）　https://www.horei.co.jp/iec/
（お 詫 び と 訂 正）　https://www.horei.co.jp/book/owabi.shtml
（書 籍 の 追 加 情 報）　https://www.horei.co.jp/book/osirasebook.shtml

※万一、本書の内容に誤記等が判明した場合には、上記「お詫びと訂正」に最新情報を掲載
　しております。ホームページに掲載されていない内容につきましては、FAXまたはE
　メールで編集までお問合せください。

・乱丁、落丁本は直接弊社出版部へお送りくださればお取替えいたします。
・ JCOPY 〈出版者著作権管理機構　委託出版物〉
　本書の無断複製は著作権法上での例外を除き禁じられています。複製される場合は、その
　つど事前に、出版者著作権管理機構（電話 03-5244-5088、FAX 03-5244-5089、
　e-mail: info@jcopy.or.jp）の許諾を得てください。また、本書を代行業者等の第三者に依頼
　してスキャンやデジタル化することは、たとえ個人や家庭内での利用であっても一切認め
　られておりません。